INTRODUCTION

A

L'ÉTUDE DE LA CHIMIE,

Contenant

Les principes généraux de cette science,
les proportions chimiques, la théorie atomique,
le rapport des poids atomiques avec le volume des corps,
l'isomorphisme, les usages des poids atomiques et des
formules chimiques, les combinaisons isomériques, les corps catalytiques, etc.;

Accompagnée de considérations détaillées
sur les acides, les bases et les sels,

Par M. J. LIEBIG.

TRADUITE DE L'ALLEMAND PAR CH. GERHARDT ;

Augmentée d'une Table alphabétique des matières,
présentant les définitions techniques
et les relations des corps.

PARIS,

Librairie Scientifique et Industrielle

DE L. MATHIAS (AUGUSTIN),

QUAI MALAQUAIS, 15.

1837.

BIBLIOTHÈQUE INDUSTRIELLE.

SCIENCES.

IMPRIMERIE DE G.-LAGUIONIE ET COMP.,
Rue Christine, 2.

EXTRAIT DU CATALOGUE

DE LA

Librairie de L. MATHIAS,

QUAI MALAQUAIS, 15.

Bibliothèque industrielle,

OU

TRAITÉ DES SCIENCES, DES ARTS ET MÉTIERS.

ART DU CHARPENTIER, suivi de Tables du cubage et de la résistance des bois de charpente, par M. Lepage. 1 **v.** in-12, orné de 6 planches gravées.   3 fr. 5o c.

ART DE L'ÉBÉNISTE, d'après des notes et des instructions fournies par M. Albrest. 1 vol. in-12.   3 fr.

ART DE FABRIQUER LA FAYENCE recouverte d'un émail opaque blanc et coloré, suivi de quelques notions sur la Peinture au grand feu et à réverbère, et d'un Vocabulaire de mots techniques, par M. Bastenaire-d'Audenart. 1 vol. in-12, orné de planches gravées.   3 fr. 5o c.

ART DE FABRIQUER LA PORCELAINE, suivi d'un Vocabulaire de mots techniques, et d'un traité de la Peinture et Dorure sur porcelaine, par F. Bastenaire-d'Audenart. 2 vol. in-12, ornés de 4 planches gravées.   8 fr.

L'ARCHITECTE RÉGULATEUR, ou Tableaux alphabétiques des prix réglés de tous les ouvrages en bâtiment, à l'usage de toutes les personnes qui s'occupent de la construction ou qui font bâtir; par Lebossu, architecte-expert géomètre, auteur de deux Manuels du Toiseur en bâtiment, etc., etc. 1 vol. in-12.   3 fr. 5o c.

ART DU GÉOMÈTRE ARPENTEUR, ou Traité de géométrie pratique, contenant la levée des plans, le nivellement

a

et le partage des propriétés agricoles, suivi de l'exposition
du système métrique, par M. P. Guy, officier d'artillerie.
1 vol. in-12, orné de 5 planches gravées.   3 fr. 5o c.

ART DU JARDINIER dans la culture des Arbres et des
Plantes potagères, par A.-B. Mérault. 1 v. in-12. 3 fr.5o c.

ART DU MAITRE DE FORGES, ou Traité théorique et
pratique de l'exploitation du fer, et de ses applications aux
différents agents de la mécanique et des arts ; par M. Pelouze, employé dans les forges et fonderies. 2 vol. in-12,
avec atlas.   9 fr.

ART DU RAFFINEUR DE SUCRE, par M. Chandelet,
directeur de fabrique. 1 vol. in-12 avec planches.   3 fr.

ART DU TEINTURIER, suivi de l'Art du Dégraisseur; par
M. Bergues.   3 fr.

ART DU CHAUFOURNIER, Briquetier et Charbonnier ;
suivi de la Fabrication du Vinaigre de bois; par M. Pelouze.
1 vol. in-12 avec planches.   3 fr. 5o c.

BOTANIQUE DU DROGUISTE et du Négociant en Substances exotiques, traduit de l'anglais de Tompson ; par
M. Pelouze. 1 vol. in-12.   3 fr. 5o c.

CALCULS FAITS, à l'usage des industriels en général, et
spécialement des mécaniciens, charpentiers, pompiers,
serruriers, chaudronniers, toiseurs, etc.; par M. Lenoir.
1 vol. in-12.   3 fr. 5o c.

CHIMIE (Traité élémentaire de) et application de cette
science aux arts et aux manufactures, par M. Desmarest,
ancien élève de l'Ecole Polytechnique ; deuxième édition,
augmentée d'une Table de concordance entre les anciens
et les nouveaux noms, et des découvertes les plus récen-
tes. 1 fort vol. in-12, orné de planches.   4 fr. 5o c.

FALSIFICATIONS (Traité des), ou Exposé des diverses
manières de constater la pureté des substances employées
en médecine, dans les arts et dans l'économie domestique ;
par M. Desmarest, pharmacien, ancien élève de l'Ecole
Polytechnique. 1 vol. in-12.   3 fr. 5o c.

GUIDE MANUEL DE L'ÉPICIER-DROGUISTE, contenant, par ordre alphabétique les substances simples et
composées, les diverses préparations qui sont du ressort de
l'épicier-droguiste, et la composition des couleurs et ver-
nis ; par M. Ysabeau. 1 vol. in-12.   3 fr.

**GUIDE DU VÉTÉRINAIRE ET DU MARÉCHAL-FER-
RANT**, dans la ferrure des chevaux et le traitement des
pieds malades; traduit de l'anglais de J. Goodwin ; par

MM. D. D.; enrichi de notes par M. Berger, artiste vétérinaire. 1 vol. in-12 avec planches.   3 fr. 50 c.

**HISTOIRE DESCRIPTIVE DES MACHINES A VA-
PEUR**, traduite de l'anglais de R. Stuart. 1 vol. in-12,
avec 6 planches gravées.   3 fr. 50 c.

MÉTALLURGIE PRATIQUE, ou exposition détaillée de
divers procédés employés pour obtenir les métaux utiles,
précédée de l'essai et de la préparation des minerais; par
MM. D. et L. 1 vol. in-12 orné de 8 planches gravées.
                                                       3 fr. 50 c.

MINÉRALOGIE USUELLE, ou exposition succincte et mé-
thodique des minéraux, de leurs caractères, de leurs gise-
ments, et de leur application aux arts et à l'économie, par
M. Drapier. 1 vol. in-12.   3 fr. 50 c.

PERSPECTIVE PRATIQUE, comprenant la perspective
linéaire et aérienne, et les notions du dessin linéaire; par
Isabeau. 1 vol. in-12.   3 fr.

PHILOSOPHIE DES MANUFACTURES, ou économie
industrielle de la fabrication du coton, de la laine, du lin,
et de la soie; par M. Andrew Ure. D. M.; traduit sous les
yeux de l'auteur, et augmenté d'un chapitre inédit sur l'industrie cotonnière française, etc. 2 vol. in-12, avec un
très grand nombre de figures.   10 fr.

TRAITÉ DE LA CULTURE RURALE, par Léocade Delpierre. 2 vol. in-12.   8 fr.

LIVRES

provenant

DU FONDS DE LA MAISON MALHER ET Cᵉ.

TRAITÉ COMPLET DES PROPRIÉTÉS, de la préparation et de l'emploi des Matières tinctoriales et des couleurs; par J.-C. Leuchs, traduit de l'allemand; revu,
pour la partie chimique, par M. E. Péclet, professeur de
physique à l'Ecole centrale des Arts et Manufactures,
2 vol. in-8.   18 fr.

Chaque volume se vend séparément.

Le premier volume, Matières tinctoriales.   9 fr.
Le deuxième volume, Fabrication des Couleurs.   9 fr.

TRAITÉ DE L'ÉCLAIRAGE ; par E. Péclet, ex-professeur des sciences physiques au Collége royal de Marseille, et de chimie appliquée aux arts, membre de plusieurs Sociétés savantes. 1 vol. in-8 avec planches gravées. 8 fr. 5o c.

TRAITÉ DE LA CHALEUR et de ses applications aux Arts et aux Manufactures ; par E. Péclet. 2 vol. in-8 avec atlas.   21 fr.

HISTOIRE DESCRIPTIVE DE LA FILATURE ET DU TISSAGE DU COTON, ou Description des divers procédés et Machines employés jusqu'à ce jour pour égréner, battre, carder, étirer, filer et tisser le coton, ourdir et parer les chaînes, et flamber les étoffes ; traduit de l'anglais par M. Maiseau, traducteur des Manipulations chimiques de Faraday. 1 vol. in-8 avec atlas.   15 fr.

COURS D'ÉLOQUENCE, à l'usage des jeunes gens qui se destinent au barreau ou à la tribune nationale, professé publiquement dans la salle de la Société des Arts, à Genève, et dans celle de l'Académie provinciale, à Lyon ; par Cb. Durand, ancien procureur du roi. 2 vol. in-8. 14 fr.

MANUEL DU CRÉANCIER HYPOTHÉCAIRE ; par M. Zanolle. 1 vol. in-18.   3 fr.

TRAITÉ DES BOIS ET FORÊTS, faisant suite au Traité de la Culture rurale ; par L. Delpierre. 1 vol. in-18 avec planches.   2 fr. 5o c.

LEÇONS THÉORIQUES ET PRATIQUES sur la Plantation, la Culture et la Taille des Arbres à fruits et de la Vigne, et plus particulièrement celles du Pécher, ainsi que sur la manière d'en former des pépiniéres et de les greffer ; suivies de quelques idées sur la culture en pleine terre de l'Oranger et du Citronnier, au moyen d'une espèce de serre volante ; par Léonor Lemoine, praticien, ancien professeur à l'École de Taille et Greffe, tenue rue d'Enfer, 1 vol. in-18.   2 fr. 5o c.

GUIDE DU CHAUFFEUR et du Propriétaire des Machines à Vapeur, ou Essai sur l'établissement, la conduite et l'entretien des machines à vapeur, et principalement de celles dites de Wolf, à moyenne pression ; précédé des Principes pratiques sur la Construction des Fourneaux ; par Grouvelle et Jaunez, ingénieurs civils à Metz. 1 fort vol. in-8, 10 planches gravées par M. Leblanc.   9 fr.

GUIDE DU MEUNIER et du Constructeur de moulins ; par Olivier Evans, avec notes et additions du professeur de mécanique à l'Institut de Franklin et de Pensylvanie, et suivi de la Description d'une Minoterie perfectionnée ;

traduit sur la 5e édition, et augmenté de la Description du
bel Etablissement de M. Benoist de Saint-Denis, par
P.-M. Benoît, ingénieur civil, ancien élève de l'Ecole Polytechnique, membre de plusieurs Sociétés savantes;
1 fort vol. in-8, publié en deux parties, orné de 15
planches gravées.   10 fr.

RÉPERTOIRE POLYGLOTTE DE LA MARINE, à
l'usage des navigateurs et armateurs; contenant, par ordre
alphabétique, tous les termes de la marine, leur explication raisonnée, et les méthodes à employer pour résoudre
les questions d'astronomie, de statique et de physique,
relatives à l'art de la marine, suivi de cinq Vocabulaires de
termes techniques, en allemand, anglais, espagnol, ita-
lien et portugais; par le comte de Grandpré, capitaine
de vaisseau. 2 forts vol. in-8 de 760 pages chaque. 20 fr.

MANIPULATIONS CHIMIQUES; par Faraday, professeur
de chimie à l'Institut royal de Londres; traduit de l'anglais par Maiseau, et revu, pour la partie technique, par
M. Bussy, professeur de chimie à l'Ecole de Pharmacie
de Paris, et à l'Ecole centrale des Arts et Manufactures, etc. 2 vol. in-8, ornés de 200 figures.   14 fr.

**TRAITÉ SUR L'ART DE FAIRE DES BONS MOR-
TIERS**, et d'en bien diriger l'emploi, ou méthode générale pratique pour fabriquer en tout pays la chaux, les
ciments et les mortiers les meilleurs et les plus écono-
miques; par Raucourt de Charleville, ingénieur des ponts
et chaussées. 1 vol. in-8, orné de deux planches gravées.   7 fr. 50 c.

ART DE CHAUFFER, ou Traité des moyens de mettre
à profit la chaleur qui émane des appareils de chauffage;
par P. Hamon, architecte. 1 vol. in-8, orné de 7 planches
gravées.   7 fr. 50 c.

LE CHASSEUR MÉDECIN, ou Traité complet sur les
maladies des Chiens, à l'usage des chasseurs, des fermiers,
des bergers, et généralement de toutes les personnes qui
ont des chiens; par Francis Clater, médecin vétérinaire
de Newart et de Belford, traduit de l'anglais, sur la
27e édition; 2e édition, corrigée avec soin, et augmentée
d'une méthode pour dresser les Chiens de chasse. 1 vol.
in-18.   2 fr.

MANUEL DE TRÉFILERIE DU FER, par Mignard
Billinge, manufacturier mécanicien; 2e édition, revue et
augmentée, 1836. 1 vol. in-18 avec deux planches. 3 fr.

a*

le vent, les animaux, et à diverses constructions ; ouvrage
qui fait connaître, dans chaque cas, la quantité de matières travaillées qui répond à une quantité d'action dé-
pensée par le moteur, ou par l'outil, et qui est destiné à
guider les constructeurs dans les calculs relatifs à l'établissement de ces différentes usines ; par A. Taffe, capitaine d'artillerie. 1 vol. in-8, avec planches. 7 fr. 5o c.
— *Franco,* 9 fr.

L'ouvrage de M. Taffe a acquis une grande réputation
parmi les industriels : plusieurs de nos savants ont bien
voulu le recommander comme répondant à un besoin généralement senti. L'auteur ayant eu le désir de se rendre utile
aux industriels, *soit en leur procurant des résultats de calculs de machines existantes qui pussent servir de base aux
calculs des établissements à faire, soit en leur traçant, par
des exemples, la marche à suivre pour faire ces derniers
calculs,* a parfaitement rempli son but.

**NOTIONS DE STATIQUE ET DE MÉCANIQUE
INDUSTRIELLE**, à l'usage de MM. les élèves de l'École
royale spéciale militaire ; par Peyré, deuxième édition.
1 vol. in-8 br. Paris, 1837. 4 fr. »

CALCULS FAITS DES PIEDS DE FER, suivant leur
épaisseur et la largeur, réduits au pied, par Bablot ; augmenté du tarif du fer rond suivant son diamètre, ainsi que
du poids des pièces en fonte le plus en usage dans le bâtiment, les jardins. Quatrième édition. Paris, 1837. 1 vol.
in-12. 3 fr.

**HISTOIRE DE L'ÉCONOMIE POLITIQUE EN EU-
ROPE**, depuis les anciens jusqu'à nos jours, suivie d'une
bibliographie raisonnée des principaux ouvrages d'économie politique ; par A. Blanqui aîné, professeur d'économie
industrielle au Conservatoire des arts et métiers, directeur
de l'École spéciale du commerce. 2 vol. in-8, (ome II
sous presse). Paris, 1837. Prix du tome 1er. 7 fr. 5o c.

**ANNUAIRE DES SCIENCES CHIMIQUES, OU RAP-
PORT SUR LES PROGRÈS DES SCIENCES NATU-
RELLES**, par Berzélius ; traduit en français par H. D.
1837. 1 vol. in 8. br. 4 fr.

**NOTIONS ÉLÉMENTAIRES DE GÉOLOGIE, DE
PHYSIQUE, DE CHIMIE, DE BOTANIQUE ET DE
PHYSIOLOGIE VÉGÉTALE**, appliquées à l'agriculture,
rédigées et mises en ordre par M. Marivault, agriculteur-
praticien, membre du conseil d'administration de la So-

ciété d'Encouragement pour l'industrie nationale. 1 vol. in-18 ; prix ,   2 fr. 5o c.

PRÉCIS DE L'HISTOIRE GÉNÉRALE DE L'AGRI-CULTURE. (Temps anciens et premiers siècles du moyen-âge.) 1 vol. in-12.   4 fr.

COURS PRÉPARATOIRE DE PHYSIQUE, DE CHIMIE ET DE COSMOGRAPHIE, à l'usage des jeunes gens qui se destinent à subir les examens d'admission à l'Ecole royale spéciale militaire ; par J.-M. Peyré, ancien élève de l'Ecole polytechnique, professeur de physique à l'Ecole royale spéciale militaire. 1 vol. in-8.   5 fr.

D'après une décision du Conseil royal de l'Instruction publique, cet ouvrage est autorisé pour l'enseignement dans les colléges de l'Université, et sur la proposition du Conseil d'instruction de l'Ecole royale spéciale militaire, M. le ministre de la guerre l'a adopté pour servir à l'enseignement du collége royal militaire de Laflèche.

Cet ouvrage contient uniquement l'exposé des connaissances de Physique, de Chimie et de Cosmographie qui sont exigées par le programme d'admission à l'Ecole royale spéciale militaire. Les candidats trouveront aussi réunis dans un petit nombre de feuilles des moyens d'étude qui sont épars dans plusieurs traités beaucoup plus volumineux : cet avantage sera particulièrement apprécié par les sous-officiers et soldats qui aspirent, dans les régiments, à devenir officiers en acquérant d'abord le titre d'élèves de Saint-Cyr. — Quoique le but de ce travail soit spécial, il pourra néanmoins être consulté avec fruit par les personnes qui commencent l'étude des sciences qui viennent d'être nommées, et qui veulent se borner à connaître leurs *premiers principes.* — Les expériences, les manipulations, et les observations ont toujour été choisies de telle sorte qu'elles peuvent, en général, être facilement répétées : il sera très utile et presque indispensable d'en faire plusieurs ; ce qui est très facile en employant les corps et les objets dont on est sans cesse environné, ou que l'on peut se procurer aisément.

COURS COMPLET DE GÉOMÉTRIE Troisième édition. 1837.—Par E.-E. Bobilier, ancien élève de l'Ecole polytechnique, professeur de mécanique adjoint au chef des travaux et des études à l'Ecole royale d'arts et métiers de Châlons-sur-Marne, professeur de mathématiques spéciales au Collége de la même ville, membre des sociétés académiques des départements de la Marne, des Vosges, du Jura, etc., etc. 1 vol. grand in 4.   *Franc de port.* 8 fr.

TABLE DES MATIÈRES.

AVERTISSEMENT

DU TRADUCTEUR.

Malgré le grand nombre d'ouvrages
de chimie, publiés en France et à l'étran-
ger, il n'en existe pourtant pas un seul
qui contienne les principes généraux de
la partie exacte de cette science, exposés
d'une manière nette et systématique, pour
être à la portée de ceux qui désirent l'étudier à fond. Persuadé de l'insuffisance de

tout ce que nous possédons dans ce genre, j'ai cru obliger mes collègues, en leur offrant la traduction du présent traité, qui fait partie de la nouvelle édition du *Manuel de Pharmacie* de feu M. GEIGER, récemment publiée en Allemagne et entièrement remaniée et refondue par M. JUST LIEBIG.

La traduction en été faite sous les yeux de l'auteur, et, sauf quelques légères omissions ou additions que l'isolement de cette introduction a rendues nécessaires, le texte de l'original se trouve scrupuleusement reproduit.

Du reste, le nom de l'auteur est trop révéré, pour que son élève ait encore besoin de proclamer la supériorité de son ouvrage.

CH. G.

Paris, mai 1837.

INTRODUCTION

A

L'ÉTUDE DE LA CHIMIE.

<div style="text-align:center">~~~~~~~~~~~~~~~~~~~~~~~~~~~~~~~~~~</div>

CHAPITRE I.

***

Définitions.

1. La physique recherche les causes des changements des corps, et les lois d'après lesquelles ces derniers ont lieu.

2. On donne le nom de *Corps* à tout ce qui occupe un certain espace et qui est pesant, c'est-à-dire, qui est attiré par la terre.

3. Dans un sens plus restreint, on nomme *Matière* ce qui remplit l'espace. La signification la plus étendue de matière s'applique à tout ce que nous pouvons concevoir, d'une manière quelconque, au moyen de nos sens.

4. Les corps se présentent sous trois *états* différents, comme A *solides*, B *liquides* et C comme corps *aériformes* (gazeux).

A. Un corps est nommé *solide*, lorsqu'il est doué d'une forme particulière et que ses molécules se laissent difficilement déplacer ou ne sont pas mobiles.

B. Les corps *liquides* prennent la forme des vases qui les renferment; leurs molécules sont très mobiles. Quand ils sont en repos, ils prennent une surface horizontale.

C. Les corps *aériformes* ne possèdent pas de forme particulière; leurs molécules ont une tendance à s'écarter les unes des autres, et ils remplissent, en toutes directions, les vases où ils sont contenus.

5. *Étendue.* — En considérant l'espace qu'un corps occupe suivant sa longueur, sa largeur et sa profondeur, nous acquérons l'idée de sa *figure.* La limite de l'espace se nomme le *contenu spécial* du corps, son *volume.*

6. *Masse.* — La quantité de matière dans un espace déterminé se nomme sa *masse.*

7. La comparaison de la masse de différents corps, à volumes égaux, nous donne l'idée de leur *densité.* (On dit un corps est plus dense qu'un autre, lorsqu'à volume égal, il renferme plus de masse que lui.)

8. Les phénomènes que présentent les corps par leur action sur nos sens, se nomment les *propriétés de ces corps.*

9. Les causes qui produisent les changements dans les corps se nomment *forces.*

10. Ces forces déterminent ou bien des translations locales, ou bien des altérations dans les propriétés des corps.

11. On nomme *attraction*, la cause qui détermine les corps ou les molécules à se rapprocher.

12. La *répulsion* est la force qui est contraire à l'attraction.

13. Outre les forces d'attraction et de répulsion, il est encore certaines matières qui exercent une influence distincte sur les changements des propriétés des corps. Ces matières ne se laissent point renfermer dans des vases et ne pressent pas sur les supports; on les appelle *matières impondérables*, *puissances*; ce sont : le *calorique*, la *lumière*, l'*électricité* et le *magnétisme*.

14. On connaît trois diverses forces d'attraction : *a, la pesanteur, b, la force de cohésion, c l'affinité chimique.*

15. *Pesanteur.* — La pesanteur se distingue de toute autre force d'attraction, en ce qu'elle agit à grandes distances.

16. L'intensité de cette attraction est en raison directe avec la masse du corps, et en raison inverse avec le carré de la distance.

17. La masse des corps, comparée à celle de la terre, pouvant être regardée comme étant infiniment petite, il en résulte (16) que tout corps, éloigné de la surface de la terre et abandonné à lui-même, doit obéir à l'attraction de la terre, c'est-à-dire, tomber.

18. Deux corps qui se trouvent à la surface de la terre, ne manifestent aucune tendance évidente de rapprochement, la force d'attraction prépondérante de la terre surmontant l'attraction réciproque de ces deux corps.

19. La pression qu'un corps exerce sur un support est due par conséquent à l'at-

traction mutuelle de la terre et du corps;
elle est en rapport avec la masse du
corps.

20. La masse plus ou moins grande
d'un corps est mesurée à l'aide de certaines unités de masse, nommées *poids*. Au
moyen de la balance, on examine combien de ces unités de masse sont nécessaires pour contenir en équilibre la masse
d'un corps.

21. L'intensité de cette contre-pression,
exprimée en unités de poids, s'appelle le
poids absolu du corps. Des corps de *même*
volume possèdent un poids absolu *différent*. On nomme *poids spécifique* ou *densité*, le poids des corps de même volume.

(On dit : le liége est un corps léger, le
plomb un corps lourd, en comparant in-
sciemment leur poids absolu à leur volume. Quand on compare le poids d'un
volume de liége à celui d'un volume égal
de plomb, on apprend la quantité de
masse que l'un de ces corps contient de

plus que l'autre, savoir : le poids spécifique de ces corps.)

22. *La force de cohésion* est la force d'attraction qui détermine l'état (4), la cohérence des corps. Elle agit entre les molécules de corps homogènes.

23. La quantité de force nécessaire, pour séparer les parties d'un corps, est en rapport avec l'intensité de la force de cohésion. (Détermination de la force de cohésion des corps solides, des métaux, au moyen de poids attachés à ces corps, jusqu'à ce qu'ils rompent.)

24. En chimie, on désigne par force de cohésion la tendance des molécules des corps à se solidifier ou à conserver leur état de solidité. La *cohérence* est le résultat de cette tendance.

25. L'action de la force de cohésion ne peut pas être détruite par des moyens mécaniques. (En broyant, pilant ou pulvérisant un corps quelconque, on réduit

une grande masse en un grand nombre de particules plus petites, mais la poussière la plus subtile d'un corps pulvérisé est solide, c'est-à-dire cohérente.)

26. La force de cohésion n'agit pas à distance, elle ne se manifeste que lorsque les molécules d'un corps se trouvent en contact immédiat ou à des distances infiniment petites les unes des autres. (Les molécules d'un corps pulvérisé n'adhèrent pas entre elles, parce que l'air qui environne chaque molécule en empêche le contact intime. Deux glaces parfaitement planes et superposées ne se laissent plus séparer. Deux morceaux de plomb adhèrent à l'endroit fraîchement coupé.)

27. La limite de l'intensité inégale de la force de cohésion, entre les particules des corps solides, est désignée par les noms de *dureté* et de *mollesse.* (Échelle de dureté pour déterminer la dureté des minéraux.) Un corps solide est nommé *tenace, ductile,* lorsque par l'intermède d'une force extérieure puissante, ses mo-

lécules peuvent être portées en diverses directions et positions, et qu'elles y persévèrent après que l'action a cessé. Il est *cassant* lorsqu'il présente des caractères contraires. Il est *élastique* lorsque, par une pression extérieure, ses particules prennent une position différente, mais retournent dans leur position primitive dès que cette pression a cessé.

28. Dans les corps liquides, la force de cohésion est très peu considérable ; car il ne faut qu'une force très faible pour causer un déplacement de leurs particules. (Mesure de la force de cohésion des liquides au moyen des plaques de cohésion.)

29. Les corps aériformes ne possèdent pas la moindre cohérence. Leurs molécules sont douées d'une tendance contraire à la force de cohésion, savoir : de celle à s'écarter les unes des autres. Ils se dilatent, si la dilatation n'est pas entravée par quelque obstacle.

30. La tendance que présentent les particules d'un corps aériforme à s'écarter les unes des autres, se nomme l'*élasticité* des corps aériformes. On peut la mesurer par la pression que leurs particules exercent sur les environs.

31. L'élasticité des corps aériformes décroît à mesure que leurs molécules s'éloignent les unes des autres ; elle augmente au contraire en raison de leur rapprochement.

32. La force de cohésion se manifeste dans beaucoup de corps aériformes, lorsqu'on les comprime jusqu'à un certain degré, c'est-à-dire, lorsque leurs particules se trouvent rapprochées à certaines distances ; dans ce cas, ils abandonnent l'état aériforme et deviennent liquides.

33. Les corps aériformes cessent de se dilater davantage, si leur élasticité se trouve être égale à la force avec laquelle ils sont attirés par la terre.

La pesanteur agit sur les particules des

corps aériformes et tend à les rapprocher du centre de la terre, et par conséquent d'elles-mêmes ; l'élasticité s'efforce d'écarter les particules les unes des autres. Comme cette tendance diminue en raison de la dilatation, il faut qu'il y ait un point où la pesanteur se trouve prépondérante; à ce point les particules doivent obéir alors aux lois des corps liquides, c'est-à-dire elles ne peuvent plus remplir les vases en toutes directions, et, quand elles se trouvent en repos, elles doivent prendre une surface horizontale.

34. En chimie, on désigne souvent par *élasticité* la tendance d'un corps, solidifié ou liquéfié par des circonstances particulières, à reprendre son état primitif, savoir, l'état aériforme.

35. La faculté d'un corps liquide ou solide de prendre l'état aériforme, sous certaines conditions, est appelée la *volatilité* de ce corps.

36. Les corps solides ou liquides, qui

ont pris l'état aériforme, se nomme *vapeurs.*

37. La tendance d'un corps liquide ou
solide à prendre l'état aériforme, et la
pression qu'exercent ses vapeurs sur les
environs, se nomme la *tension* de ce
corps.

38. *Affinité.* Lorsqu'on met en contact
deux corps hétérogènes, leurs propriétés
s'altèrent ou bien restent inaltérées.

39. La cause qui effectue l'altération
des propriétés des corps hétérogènes en
contact, est due à une force particulière,
différente de celle de cohésion, appelée
affinité chimique.

40. L'affinité chimique agit entre les
molécules des corps hétérogènes; ses
effets ne sont perceptibles que lorsque
les corps se touchent, c'est-à-dire, elle
n'agit qu'à des distances infiniment petites.

41. Si l'effet de l'affinité chimique sur les propriétés de deux corps est tel, qu'il se produit un troisième corps, nouveau et doué de propriétés particulières, et dans les molécules duquel est renfermée une certaine quantité de chacun des deux corps mis en contact, on appelle ce fait, une *combinaison* de ces corps.

42. Le corps nouvellement formé se nomme *le produit de la combinaison.* (Ordinairement on désigne simplement par combinaison le produit de la combinaison de deux corps.)

43. On dit, le corps *a* a de l'affinité pour le corps *b*, lorsqu'il possède la faculté de se combiner avec lui.

44. Les corps qui constituent la combinaison, sont appelés les *parties constituantes* ou les *principes* de la combinaison.

Exemple : L'oxygène en s'unissant à l'hydrogène forme de l'eau ; l'oxygène et l'hydrogène sont donc les parties constituantes de l'eau.

45. Lorsqu'un corps solide se combine avec un corps liquide et que le produit de la combinaison est lui-même liquide, l'on nomme cette opération une *dissolution*. Dans une dissolution la force de cohésion du corps solide se trouve anéantie par l'affinité chimique du liquide.

46. Lorsqu'un corps solide, en contact avec un liquide, n'en est pas dissout, ces deux corps n'ont pas d'affinité réciproque, ou bien la force de cohésion du solide est plus considérable que leur affinité mutuelle.

47. Dans la combinaison des corps aériformes avec les liquides ou les solides, on observe souvent un dégagement de lumière et de chaleur, c'est-à-dire il se produit du feu. Cette espèce de combinaison se nomme alors *combustion*.

48. Lorsqu'un corps aériforme se com-

bine avec un autre corps également aériforme, il faut que leur affinité soit plus
grande que leur élasticité (31); dans ce
cas ils abandonnent l'état aériforme et deviennent solides. (Acide carbonique et
ammoniaque.) Ordinairement les corps
aériformes se combinent seulement par
l'intermède de forces ou de matières étrangères, qui réduisent ou anéantissent leur
élasticité.

49. Dans la combinaison d'un corps
aériforme avec un solide ou un liquide,
le premier perd son état aériforme et devient solide ou liquide dans la nouvelle
combinaison, ou bien il conserve son
état, et alors le corps solide ou liquide
devient aériforme.

50. Lorsqu'un corps solide ou liquide,
en se combinant avec un corps aériforme,
devient lui-même aériforme, son affinité
pour le corps aériforme est plus grande
que sa force de cohésion.

51. Lorsqu'un corps aériforme, en se

combinant avec un autre corps, produit
un corps liquide ou solide, son élasticité
est moindre que les affinités réciproques
des deux corps.

52. Les nouvelles propriétés qu'un
corps présente ou reçoit, par sa mise en
contact avec d'autres corps, se nomment
les *propriétés chimiques* de ce corps.

53. L'affinité d'un corps pour un autre
est détruite ou diminuée par tout ce qui
empêche les molécules de ces corps de se
placer dans la distance propre à la mani-
nifestation de l'affinité.

54. Elle est diminuée ou détruite par
toutes les forces qui tendent à écarter les
particules des corps les unes des autres.

55. *Chaleur.* — Les observations ordinaires font voir que les corps changent
d'état (4), sans qu'on les mette ensemble
en contact, ainsi, sans que ce changement
dépende de l'affinité chimique. Dans tous

ces cas le changement d'état dépend de la présence ou de l'absence de la chaleur

56. On désigne par *chaleur calorique* une matière invisible et impondérable, qui possède la faculté de pénétrer tous les corps et de se combiner avec eux.

57. Un corps pénétré de chaleur (chauffé) tend continuellement à abandonner la chaleur (il se refroidit.) Un corps contenant moins de chaleur (qui est plus froid) que les corps environnants, reçoit de la chaleur de ses environs, savoir, il s'échauffe.

58. La quantité de chaleur qu'un corps abandonne à ses environs ou en reçoit, se nomme sa *température.*

59. La perte de chaleur d'un corps chaud augmente avec sa température, c'est-à-dire plus un corps contient de chaleur comparativement à ses environs, plus il leur abandonne de chaleur, en temps égal.

60. Porter un corps à une certaine température, cela veut dire lui amener une certaine quantité de chaleur, de manière qu'il puisse abandonner une certaine quantité de chaleur à d'autres corps.

61. Un corps est dit *chaud*, quand il abandonne de la chaleur à nos organes; on le nomme *froid*, lorsqu'il nous enlève de la chaleur.

62. L'effet le plus général que produit la chaleur sur un corps, est l'augmentation de son volume, les corps se dilatent quand on les échauffe. Les corps aériformes liquides et solides se dilatent inégalement, lorsqu'ils se trouvent exposés à des températures égales. La dilatation des corps aériformes est la plus considérable; celle des liquides est plus grande que celle des corps solides.

63. Le volume d'un corps augmente ou diminue, à mesure que la température augmente ou diminue. (Plus un corps est chauffé, plus l'augmentation de son vo-

lume est considérable; lorsqu'un corps
chaud se refroidit il reprend son volume
primitif, il se contracte.)

64. On se sert de cette dilatation ou de
cette contraction pour mesurer les quantités de chaleur qu'un corps a reçues de
ses environs ou qu'il leur a abandonnées.
A cet effet on fait usage des *thermomètres*.

65. Les thermomètres ordinaires con-
sistent en tubes de verre étroits, à l'extré-
mité desquels on a soufflé de petits ré-
servoirs, d'une forme sphérique ou cylin-
drique, qu'on remplit d'un liquide, ordinairement le mercure. Lorsqu'on chauffe
le mercure contenu dans la boule, il se
dilate, et cette augmentation de volume
se manifeste par le rallongement de la
colonne de mercure dans le tube.

66. Lorsqu'on introduit le thermomètre dans la glace fondante, la colonne de
mercure se place jusqu'à un certain point,
qui, dans toutes les circonstances et tou-

tes les positions, est toujours le même.
Plongé dans de l'eau bouillante, à la surface de la mer, le mercure se dilate jusqu'à un autre point, également constant.

67. L'intervalle compris entre les deux
points fixes est divisé en un certain nombre de parties égales, nommées *degrés*.
Cette division s'appelle l'*échelle thermométrique*. Celsius divisa cet intervalle en
100, Réaumur en 80 parties. Le point par
où on commence à compter les degrés
s'appelle le *zéro thermométrique*.

68. Chauffer un corps à 30° ou à 40° Celsius, cela veut dire lui amener une quantité de chaleur telle, que le mercure du
thermomètre centigrade se dilate jusqu'au
point qui, en partant du zéro, répond à
trente ou à quarante fois la centième
partie de l'échelle thermométrique.

69. Par la dilatation ou la contraction
du mercure, le thermomètre indique si
un corps lui enlève ou lui communique
de la chaleur ; il n'annonce donc pas la

quantité de chaleur contenue dans un corps.

70. On appelle *chaleur thermométrique, libre* ou *sensible*, la quantité de chaleur que le mercure du thermomètre reçoit ou abandonne pour se dilater ou se contracter jusqu'à un certain point.

71. La dilatation des corps par la chaleur prouve que leurs molécules s'écartent les unes des autres ; il est évident, d'après le n° 26, que la force de cohésion doit diminuer par cet effet.

72. Lorsqu'on porte l'échauffement jusqu'à un certain point, la force de cohésion des corps solides décroît à un tel degré que leur cohérence est détruite ; ces corps se liquéfient alors. Le point où un corps cesse d'être solide se nomme son *point de fusion*.

73. Lorsqu'on chauffe un corps liquide encore davantage, la force de cohésion

de ses particules est totalement anéantie et le corps devient aériforme.

74. Lorsqu'on retire la chaleur aux liquides, devenus aériformes par cet agent, ou aux solides liquéfiés par lui, ces corps reprennent leur état primitif.

75. Les *vapeurs* sont, dans le sens propre, des corps aériformes qui, à la température ordinaire et à la pression ordinaire, reprennent leur état primitif.

76. On nomme *gaz*, les corps aériformes qui conservent leur état à la température ordinaire.

77. Pour chauffer différents corps à la même température, on a besoin de quantités de chaleurs inégales. Avec la même quantité de chaleur, qu'une livre d'eau exige pour être portée à 60°; on peut chauffer trente-trois livres de glace à la même température. Les quantités de chaleurs inégales que requièrent des poids égaux de différents corps, pour être

portés à la même température, se nomment le *calorique spécifique* de ces corps.

OBSERVATIONS GÉNÉRALES. — L'explication de beaucoup de propriétés des corps est fort simplifiée, lorsqu'on se figure ces derniers comme étant composés de particules infiniment petites, indivisibles et ne se touchant pas immédiatement. La compressibilité des corps solides, liquides et aériformes peut être envisagée comme une preuve directe que les corps renferment des interstices non remplis de matière.

On sait généralement qu'en diminuant le volume des corps par une action extérieure, telle que la pression, le choc, ces corps s'échauffent dans toutes les circonstances, c'est-à-dire il se dégage de la chaleur, la température s'élève. Par exemple, l'air comprimé subitement devient incandescent. Lorsqu'on détermine un corps à occuper un volume plus grand il absorbe de la chaleur de ses environs et la température s'abaisse. Ces phénomènes nous portent à croire que les particules les plus petites du corps sont enveloppées de sphères de calorique, qui s'agrandissent ou diminuent à mesure que la distance qu'elles occupent entre elles devient plus petite.

La chaleur s'opposant à toutes les forces d'attraction, on peut la regarder comme le principe matériel de la répulsion ; l'état des corps dépend par conséquent du rapport de la chaleur avec la force de cohésion. Lorsque la force de cohésion prédomine, le corps est solide ou liquide. En amenant du calorique à un corps, la distance de ses particules s'agrandit et le corps se dilate. Par l'élévation de la chaleur, la distance augmente à un tel point que la force de cohésion devient à peine perceptible ; le corps se liquéfie alors. Par un échauffement continu, l'attraction cesse totalement et le corps devient gazeux.

D'après cette manière de voir, la force de cohésion des molécules d'un corps ne peut jamais être enlevée ni anéantie.

CHAPITRE II.

---

78. Par la réunion de certaines conditions, dont l'ensemble se nomme une *expérience*, principalement par le contact réciproque des corps, à l'aide de la chaleur, on parvient à séparer d'un grand nombre de substances d'autres corps, doués de propriétés entièrement différentes.

79. Un nombre limité de corps ne peut pas être altéré de cette manière, ce sont : les *corps simples* ou *éléments chimiques*.

2

Jusqu'à présent on en connaît 54 ; les voici dans l'ordre alphabétique :

Aluminium.	Fluor.	Potassium.
Antimoine.	Glucynium ou	Rhodium,
Argent.	Bérillium.	Sélénium.
Arsenic.	Hydrogène.	Silicium.
Azote.	Iode.	Soufre.
Barium.	Iridium.	Strontium.
Bismuth.	Lithium.	Tantale ou Co-
Bore.	Magnésium.	lombium.
Brôme.	Manganèse.	Tellure.
Cadmium.	Mercure.	Thorium.
Calcium.	Molybdène.	Titane.
Carbone.	Nickel.	Tungstène.
Cérium.	Or.	Urane.
Chlore.	Osmium.	Vanadium.
Chrôme.	Oxygène.	Yttrium.
Cobalt.	Palladium.	Zinc.
Cuivre.	Phosphore.	Zirconium.
Etain.	Platine.	
Fer.	Plomb.	

OBSERVATIONS. — On entend par *éléments d'Aristote*, les représentants de ce qu'on appelle état : Le *feu*, représentant de la lumière et de la chaleur, l'*air*, celui des corps gazeux, la *terre*, celui des solides ; et enfin, l'*eau*, celui des liquides. Les alchimistes y ont ajouté encore trois éléments, savoir : le *sel*, le *soufre* et le *mercure*. Ils désignaient par sel, la capacité d'un corps de former un acide ; le soufre était la cause de la combustibilité et le mercure, celle de la métallité des corps.

80. Un *corps composé* résulte de la combinaison de 2, 3 ou plusieurs corps simples. Les éléments d'une combinaison s'appellent aussi ses *parties hétérogènes*. On appelle *combinaison binaire*, celle d'un corps simple avec un autre corps simple. Une *combinaison ternaire* renferme trois éléments; une *quaternaire*, quatre.

81. On distingue des *combinaisons du premier, second, troisième ordre*. Toutes les combinaisons binaires appartiennent au premier ordre; par exemple, l'acide sulfurique, la potasse, l'alumine. Lorsqu'une combinaison binaire s'unit à une autre également binaire, il en résulte une combinaison binaire du second ordre; par exemple, le sulfate de potasse; cette dernière classe de combinaisons renferme ou trois ou quatre éléments. Par la réunion d'une combinaison du second ordre avec une autre, du même ordre, il se pro-

duit une combinaison du troisième ordre, telle que le sulfate de potasse et d'a-
lumine (l'alun), et ainsi de suite. Les principes des combinaisons du deuxième et
troisième ordre se nomment aussi leurs
molécules intégrantes.

82. En comparant ensemble les éléments, sous le rapport de leurs propriétés
extérieures, on en peut établir deux
grands groupes; l'un, renfermant les *métaux*, avec l'éclat métallique; l'autre,
comprenant les *métalloïdes* ou corps *non
métalliques*, sans cet éclat.

CORPS NON MÉTALLIQUES.

Azote.	Iode.
Bore.	Oxigène.
Brôme.	Phosphore.
Carbone.	Sélénium.
Chlore.	Silicium.
Fluor.	Soufre.
Hydrogène.	

MÉTAUX.

Aluminium.	Arsenic.
Antimoine.	Barium.
Argent.	Bismuth.

Suite des MÉTAUX.

<table>
<tr><td>Cadmium.</td><td>Palladium.</td></tr>
<tr><td>Calcium.</td><td>Platine.</td></tr>
<tr><td>Cérium.</td><td>Plomb.</td></tr>
<tr><td>Chrôme.</td><td>Potassium.</td></tr>
<tr><td>Cobalt.</td><td>Rhodium.</td></tr>
<tr><td>Cuivre.</td><td>Sodium.</td></tr>
<tr><td>Etain.</td><td>Strontium.</td></tr>
<tr><td>Fer.</td><td>Tantale.</td></tr>
<tr><td>Glucynium.</td><td>Tellure.</td></tr>
<tr><td>Iridium.</td><td>Thorium.</td></tr>
<tr><td>Lithium.</td><td>Titane.</td></tr>
<tr><td>Magnésium.</td><td>Tungstène.</td></tr>
<tr><td>Manganèse.</td><td>Urane.</td></tr>
<tr><td>Mercure.</td><td>Vanadium.</td></tr>
<tr><td>Molybdène.</td><td>Yttrium.</td></tr>
<tr><td>Nickel.</td><td>Zinc.</td></tr>
<tr><td>Or.</td><td>Zircomium.</td></tr>
<tr><td>Osmium.</td><td></td></tr>
</table>

OBSERVATIONS. — L'éclat métallique, envisagé comme caractère distinctif entre les corps non métalliques et les métaux, n'est ni rigoureux, ni défini. C'est ainsi que l'arsenic et le tellure, par leurs propriétés chimiques (52), appartiennent aux métalloïdes, et par rapport à leur constitution extérieure, aux métaux.

En classant les corps simples d'après leur propriété chimique, on observe une transition peu sensible d'un groupe à l'autre.

83. Les corps non métalliques se combinent entre eux ; ils se combinent aussi avec les métaux. Les métaux se combinent entre eux ; on a inventé des noms particuliers pour désigner certains groupes de ces combinaisons, et il est absolument indispensable de connaître quelques unes de ces dénominations.

84. La combinaison d'un corps avec l'oxygène s'appelle *oxyde ;* celle avec le soufre, *sulfure* ou *sulfide,* avec le chlore, *chlorure* ou *chloride ,* etc.

EXEMPLES : La combinaison du plomb avec l'oxygène se nomme oxyde de plomb (litharge); celle du même métal avec le soufre, sulfure de plomb (galène) , avec le chlore, chlorure de plomb, etc.

Pour désigner les différents degrés de combinaison on se sert des mots protoxyde, deutoxyde, tritoxyde, peroxyde, protosulfure, deutosulfide, deuthlorure, etc.

85. Les oxydes du chlore, du brôme, de l'iode, du soufre, quelques oxydes de phosphore, du sélénium, possèdent des propriétés communes : ils sont solubles dans l'eau, les solutions en ont une saveur acide et la faculté de rougir certaines couleurs végétales bleues. Cette classe de combinaison porte le nom *d'acides.*

EXEMPLES : Acide chlorique, acide sulfurique, acide phosphorique, acide sulfureux, hyposulfureux, acide hyposulfurique sont divers degrés d'acidification du soufre.

86. Le chloride, le brômide et le sulfide d'hydrogène manifestent les mêmes particularités que les combinaisons précédentes ; ils s'appellent également acides, mais pour les distinguer des acides oxygénés ou *oxacides* on leur a donné le nom *d'hydracides.*

EXEMPLES : Acide hydrochlorique, acide hydrobrômique , acide hydrosulfurique au lieu de dire chlorure d'hydrogène, brômure d'hydrogène , sulfure d'hydrogène.

87. Certains métaux forment également ment des acides avec l'oxygène (molybdène, arsenic), cependant la plupart des oxydes métalliques se comportent d'une manière toute différente ; ils sont en majeure partie insolubles dans l'eau. Les oxydes solubles sont d'une saveur alcaline et ont la propriété de rétablir les couleurs végétales, rougies par les acides ; de même ils colorent certaines couleurs végétales jaunes en rouge ou en brun. Ces groupes portent le nom de *bases* ou *bases salifiables*, et les bases solubles d'entre eux se nomment *alcalis*.

88. Les bases se combinent aux acides : les combinaisons qui en résultent se nomment *sels*.

EXEMPLES : L'oxyde de plomb se combine avec l'acide sulfurique : le produit, nommé sulfate d'oxyde de plomb, est un sel. Acide sulfureux et oxyde de calcium (chaux), — sulfite de chaux ; acide hyposulfurique et oxyde de barium (baryte), — hyposulfate de baryte, etc.

89. Dans les sels, les propriétés des acides, ainsi que celle des bases, ont disparu, de telle façon que tous les deux, réunis dans une certaine proportion, ont perdu leur action altérative sur les couleurs végétales. On appelle alors cet état *l'état neutre*. (Sur la définition de la neutralité, voir plus loin, chap. V, *Principes des proportions chimiques.*)

90. Il y a certains sels qui rougissent les couleurs végétales bleues, d'autres qui en bleuissent les rouges ; dans le premier cas, le sel possède une *réaction acide*, et dans le dernier, une *réaction alcaline.*

91. En général, on donne le nom d'acide à un corps, lorsqu'il possède la faculté de détruire les propriétés alcalines d'un alcali, ne fût-ce même que d'un seul, que ce corps rougisse les couleurs végétales ou ne les altère point (la silice — le verre). Réciproquement on appelle base un corps qui, en se combinant à un seul acide, en anéantit les caractères acides.

2*

92. On appelle *radical* un corps simple, capable de former avec un autre un acide ou une base. Par *radical composé*, on entend la réunion de deux ou de trois corps simples, qui, sous le rapport de la faculté de former un acide ou une base, se comporte comme un corps simple, par exemple le cyanogène.

CHAPITRE III.

CONSIDÉRATIONS DÉTAILLÉES SUR LA FORCE DE COHÉSION.

De la cristallisation.

93. Lorsqu'un corps liquide ou gazeux passe à l'état solide, les molécules du corps liquide ou gazeux peuvent obéir sans gêne à la force de cohésion, car elles sont très mobiles.

94. Dans ce cas, on remarque que les molécules du corps ne s'attirent que dans

certaines directions déterminées. Il se produit des corps, renfermés par des plans unis et égaux, c'est-à-dire des *cris-taux*. Le passage d'un corps liquide ou gazeux à l'état solide se nomme *cristal-lisation*.

95. Tous les corps qui, sans éprouver d'altération dans leurs propriétés chimiques, peuvent être gazéifiés ou liquéfiés, sont capables de cristalliser.

96. Les formes régulières que les corps reçoivent par la cristallisation, se laissent déduire d'un très petit nombre de figures géométriques. (*Formes primiti-ves.*) L'explication du rapport entre toutes les formes cristallines est l'objet de la *cristallographie.*

97. Quand on réduit en poudre un gros cristal, la plus petite parcelle de poudre possède la forme du cristal.

98. La plupart des cristaux se laissent fendre, suivant certaines directions, en

feuilles qui sont ordinairement parallèles aux plans du cristal : *plans de clivage.*

99. Plus le passage du corps liquide à l'état solide est lent et tranquille , plus les cristaux sont grands et réguliers. Si la cristallisation est précipitée , les cristaux sont petits et souvent imperceptibles à l'œil nu.

100. Un corps solide peut être liquéfié par la chaleur (72) et par l'affinité chimique d'un autre corps (45). La chaleur et l'affinité chimique, surtout des corps liquides , sont les moyens pour faire cristalliser les corps. L'emploi en exige la condition indispensable que les propriétés chimiques des corps en contact n'éprouvent aucune altération.

101. Lorsqu'un liquide est mis en contact avec un solide, et que ces corps ont de l'affinité l'un pour l'autre, le corps liquide s'empare d'une certaine quantité du solide, qui correspond justement à l'affinité réciproque de ces deux corps.

Au-delà de cette limite, il ne s'opère pas de combinaison ultérieure, si les circonstances restent invariables. On dit alors que la *solution* (45) *est saturée.*

102. Lorsque la chaleur et l'affinité chimique d'un corps agissent simultanément sur un corps solide, l'un et l'autre de ces agents tendent à détruire la force de cohésion du solide, et, dans ce cas, il arrive le plus souvent que la faculté dissolvante du liquide croît avec sa température. (Beaucoup de corps solides se dissolvent dans les liquides, plus aisément à chaud qu'à froid.)

103. L'expression de *saturée* se rapporte donc à une température déterminée du corps liquide. On dit, une solution saturée à la température ordinaire, à 40°, à la chaleur de l'ébullition, etc.

104. Tous les corps ne se dissolvent pas dans les liquides sans s'altérer. Il y en a aussi qui se dissolvent également à la température ordinaire et à une tempéra-

ture élévée. Il est plus rare que la solubilité soit moins considérable à une température élevée qu'à une basse température.

EXEMPLES : Le chlorure de sodium (le sel marin) exige $2\frac{14}{17}$ parties d'eau froide, et $2\frac{11}{17}$ parties d'eau bouillante, pour se dissoudre; la solubilité à ces différentes températures est donc tant soit peu la même. Le sulfate de chaux, le chlorure d'ammonium (sel ammoniac), présentent le même cas.

105. Une solution chaude et saturée d'un corps, dont la solubilité augmente par la chaleur, précipite l'excès du corps que la liqueur froide ne peut retenir: *Cristallisation par refroidissement.* Plus la solubilité d'un corps diffère suivant le changement de température, plus la cristallisation s'opère facilement par le refroidissement.

106. Les corps qui, à différentes températures, se dissolvent en même quantité dans les liquides, s'obtiennent cris-

tallisés, par l'éloignement du solvant (du véhicule). *Cristallisation par évaporation, cristallisation lente.*

Suivant le véhicule qu'on prend, on peut obtenir le corps cristallisé par refroidissement ou par évaporation : le sel marin, par exemple, cristallise dans l'eau par l'évaporation, dans l'acide hydrochlorique par le refroidissement, etc.

107. Certains corps peuvent s'obtenir cristallisés par la fusion et le refroidissement sans l'aide des liquides (l'alcool, l'eau, l'éther, le sulfure de carbone, le mercure, etc.). Pour avoir ces corps, sous des formes régulières, on laisse le corps fondu se solidifier seulement en partie, ayant soin de verser la partie encore liquide à une certaine époque. Cristallisation du soufre, du bismuth, etc.

108. Il y a des corps qui peuvent cristalliser tant par la fusion que par la dissolution dans des liquides. Quelquefois, par les deux voies, on les obtient sous la même forme cristalline (sel marin); mais

il est aussi des cas, où les corps prennent des formes différentes, qui ne se laissent point déduire géométriquement les unes des autres. C'est ainsi que le soufre s'obtient sous deux formes différentes ; celui qui cristallise dans une solution concentrée de carbure de soufre sulfuré, consiste en octaèdres à bases rhombes, dérivant du système prismatique rectangulaire droit ; les cristaux obtenus par fusion sont des prismes obliques à bases rhombes. Le sulfate de nickel, cristallisé à une température au-dessous de $+15°$, possède une forme prismatique, tandis que cristallisé à $+20°$, il présente des octaèdres, forme absolument incompatible avec la précédente.

109. Ces corps, cristallisant sous deux formes incompatibles, sont nommés *corps hétéromorphes* ou *dimorphes*.

110. Certains corps de même composition possèdent la même forme cristalline. Dans ce cas, la même forme dépend le plus souvent du mode de composition

et de l'analogie dans les propriétés chimiques des parties constituantes.

111. Deux ou plusieurs corps qui, unis à un troisième du même ordre (81), produisent une combinaison de même forme, s'appellent *corps isomorphes.*(*V*. chap. X.)

112. La constitution extérieure, la forme, la translucidité, la dureté des corps dépendent de l'arrangement de leurs molécules, déterminé et stipulé par la force de cohésion.

Il résulte de là que, lorsque les molécules d'un corps cristallisable sont empêchées de se grouper dans l'ordre dans lequel elles forment des cristaux réguliers, c'est-à-dire lorsqu'on change les directions dans lesquelles ces molécules exercent le plus d'attraction les unes sur les autres, la constitution extérieure de ce corps sera une autre, sans préjudice à ses propriétés chimiques.

113. Les corps solides de ce genre se nomment *corps amorphes.*

Notes. Le soufre, chauffé jusqu'à 160°
et versé vite dans de l'eau froide, ne cristallise pas ; il reste transparent, mou et se
laisse tirer en fils très longs. Soufre amorphe.—Le sucre d'orge est du sucre amorphe. — Le verre cristallisé est opaque,
d'un blanc de lait et dur comme de la
pierre à fusil ; le verre ordinaire est
du verre amorphe. — Le sulfure d'antimoine donne une poudre noire ; jeté
dans l'eau, à l'état incandescent, il en
donne une brun-rouge. — Le sulfure de
mercure chauffé au rouge et jeté dans
l'eau, devient noir. — Acide arsénieux
transparent et opaque ; dégagement de
lumière dans le passage de l'acide transparent à la modification opaque, quand
on le fait cristalliser dans l'acide hydrochlorique.

Dans beaucoup de substances amorphes, telles que le sucre d'orge, le soufre,
on observe, au bout de quelque temps,
une altération de constitution. Le soufre
parfaitement diaphane devient opaque et
dur ; le sucre d'orge devient opaque et
mat, et sa cassure, d'abord écailleuse,

présente alors des plans de clivage, ce qui annonce une forme régulière. Cette observation démontre le fait important, que les molécules des corps solides sont mobiles jusqu'à un certain degré; ceci s'accorde avec l'hypothèse qu'elles ne se touchent pas immédiatement.

114. Lorsqu'on chauffe certains corps cristallisés, on remarque un phénomène particulier : les cristaux éclatent avec un certain effort, dans tous les sens et se réduisent en une poudre plus ou moins fine; ils *décrépitent*.

Ce phénomène s'explique, en ce que ces cristaux se dilatent inégalement suivant différentes directions; les molécules se prolongent dans une direction, tandis qu'elles ne le font pas dans un autre sens, et le résultat de l'action de la chaleur sera donc la séparation de l'une et de l'autre. On remarque quelquefois dans des corps hétéromorphes, que les molécules du corps décrépité prennent une autre forme. C'est ainsi que l'arragonite prend, après sa décrépitation, la forme ordinaire du spath calcaire.

115. Quand un liquide est saturé d'un corps à chaud, par exemple d'un sel, il ne perd pas par là sa faculté de dissoudre d'autres corps, pour lesquels il a de l'affinité.

116. Lorsque dans un liquide cristallisable on place un cristal du même corps qui s'en sépare, les couches commencent à se former sur ce cristal et ses faces deviennent plus grandes. (Crue des cristaux.) Ce phénomène prouve qu'il existe une attraction du cristal déjà formé vers les parties du cristal, qui doit se constituer encore. Si dans une solution saturée de deux sels A et B, on dispose un cristal du corps A, on voit cristalliser d'abord l'excès du corps dissous A; ceci a lieu pour le corps B, si on place dans la dissolution un cristal B.

117. Lorsqu'un liquide, saturé de deux ou plusieurs corps (sels), a déposé des

cristaux par le refroidissement, chaque cristal en particulier contient ou bien des quantités indéfinies de tous les corps dissous, ou bien les cristaux se rangent l'un à côté de l'autre, sans que l'un contienne des quantités notables de l'autre.

Les sulfates de cuivre, de fer et de zinc dissous ensemble dans l'eau bouillante, fournissent des cristaux renfermant du zinc, du fer et du cuivre, des cristaux mixtes; le nitre et le carbonate de soude ne se mélangent point ensemble, quand ils cristallisent dans une solution saturée.

118. Il importe de se noter comme règle que des substances isomorphes, cristallisant dans un même liquide, donnent des cristaux mixtes. Seulement dans le cas où leur solubilité fût fort différente, on obtiendrait des cristaux non mélangés de l'une ou de l'autre substance.

Là-dessus est fondé l'emploi de la cristallisation pour séparer et purifier les corps.

119. L'inertie locale des molécules d'un

corps empêche l'effet de la force de cohésion ; c'est par cette raison que la formation des cristaux exige souvent qu'on
agite les particules du liquide. (Anomalies dans la cristallisation des sels, con-
gélation de l'eau , etc.)

120. Les liquides, dans lesquels se sont
déposés des cristaux, se nomment *eaux-
mères*. (Eau-mère de salpètre, de sel marin.)

121. Il y a des cristaux qui, en se séparant du liquide, s'unissent à une certaine portion de ce dernier ; ce liquide
prend alors également la forme solide.
Cristallisés dans l'eau, ils s'emparent
d'eau, *eau de cristallisation*. La forme
des cristaux dépend alors souvent de la
quantité de l'eau de cristallisation, dont
ils se sont emparés.

Les cristaux qui contiennent de l'eau
s'appellent *hydrates* ; ceux qui renferment
de l'alcool de cristallisation , *alcoolates*.

122. Quelques corps, contenant de

l'eau de cristallisation, la perdent à la température ordinaire par l'évaporation, toute ou en partie ; ils perdent leur forme régulière, deviennent opaques ou se réduisent en poudre fine, savoir : ils se *désagrègent* ou *s'effleurissent*. Tels sont les cristaux de sulfate de soude, qui, exposés à l'air, perdent 55,76 pour cent d'eau.

123. Plusieurs corps cristallisés, renfermant de l'eau de cristallisation, chauffés jusqu'à une certaine température, acquièrent subitement une nouvelle forme cristalline. Dans ce cas, la transformation se trouve dans un rapport défini avec la perte d'une partie de l'eau de cristallisation.

EXEMPLES : Sulfate de zinc, sulfate de magnésie, chauffés à 40° dans un bain d'huile ; sulfate de nickel, exposé aux rayons solaires, acétate de cuivre.

124. On observe un changement de forme analogue, dû à la même cause, dans certains sels qu'on fait cristalliser à une température élevée, et par le refroi-

dissement (borate de soude). Les cristaux du même corps qui se sont formés dans le liquide chaud, renferment moins d'eau de cristallisation que ceux qui se sont déposés par un refroidissement ralenti.

125. Beaucoup de sels hydratés entrent en fusion par l'action de la chaleur, en ce qu'ils se dissolvent dans leur eau de cristallisation. Dans ce cas, c'est l'eau solide qui se fond, c'est-à-dire devient liquide, et c'est dans cette eau liquide où se dissout une partie du sel, tandis qu'une autre se sépare à l'état anhydre; *fusion aqueuse.*

126. La plupart des sels hydratés abandonnent leur eau de cristallisation par la chaleur, sans se liquéfier, et perdent ainsi leur transparence et leur cohérence. Remis en contact avec un peu d'eau, la combinaison hydratée se produit de nouveau; le corps devient solide, cohérent, une nouvelle cristallisation ayant lieu. (Durcissement du plâtre.)

127. Lorsqu'un corps dissous dans un

liquide s'en sépare précipitamment, sous forme solide, dans tous les points, les parties de la liqueur environnante empêchent que le corps séparé se prenne en grands cristaux. Ce dernier se présente alors sous forme d'une poudre fine. Ce genre de cristallisation se nomme *précipitation*, et le corps séparé, *précipité*. (Lait de soufre, etc.)

128. Quand un liquide qui tient un corps solide en dissolution devient solide lui-même, cristallisé, son affinité pour les matières dissoutes cesse et ces dernières s'en séparent. (Vin, vinaigre gelé, etc.)

129. Un liquide, qui contient en dissolution des substances étrangères, ne peut cristalliser que si la force de cohésion de ses molécules surpasse son affinité pour les corps avec lesquels il se trouve en contact.

130. Lorsqu'un corps solide se sépare partiellement d'un liquide, de telle façon qu'une autre partie en reste dissoute, l'affinité du liquide n'est pas assez forte pour

vaincre la force de cohésion de toute la quantité du corps solide présent. Dans ce cas, le solide peut être maintenu en dissolution, par une nouvelle addition de liquide. (gypse.)

131. Quand un solide se sépare d'un liquide, de manière qu'il n'en reste plus rien en dissolution, ces corps n'ont point d'affinité l'un pour l'autre, ou bien la force de cohésion des molécules du corps solidifié est plus énergique que son affinité pour le liquide.

132. Lorsqu'on met ensemble la solution d'un corps A et celle d'un corps B; il arrive souvent, qu'il se sépare une nouvelle combinaison solide, contenant A et B. Il est évident que ce corps s'est alors formé par suite de l'affinité réciproque des corps A et B, mais sa séparation d'avec le liquide gît dans la force de cohésion prédominante de molécules du nouveau produit, c'est-à-dire dans son insolubilité, dans le solvant.

133. Il suit de là qu'en changeant la nature du solvant d'un solide, ce dernier peut s'obtenir à l'état solide (cristallisé) sans refroidissement et sans évaporation, si son affinité pour le liquide produit est plus faible que sa force de cohésion.

EXEMPLES : Solution de sulfate de cuivre et d'ammoniaque avec l'alcool ; solution de sulfate de potasse avec la potasse caustique, etc. La solution aqueuse du nitrate de baryte est précipitée par l'acide nitrique ; le phosphate de chaux ne se dissout pas dans l'eau, ni dans l'acide acétique, mais facilement dans l'acide nitrique ; si dans une solution de phosphate de chaux dans l'acide nitrique on verse de l'acétate de soude, le phosphate de chaux se sépare, car l'acide nitrique s'empare de la soude et l'affinité de l'acide acétique n'est pas assez énergique pour surmonter la force de cohésion du phosphate. (Distillation et sublimation.)

CHAPITRE IV.

DES EFFETS DE L'AFFINITÉ CHIMIQUE.

A. Combinaison.

134. Les degrés d'affinité des corps sont inégaux. (Oxyde de plomb, oxyde d'argent ; carbonate de magnésie, de chaux, de baryte.)

135. La faculté d'un corps de se combiner avec un autre, c'est-à-dire la manifestation de l'affinité de ces corps, dépend ;

a. de leur état de cohésion ;

b. de la température à laquelle on les porte ensemble.

136. (*a*) *Influence de l'état de cohésion sur la combinaison des corps.*

Deux corps ne peuvent se combiner entre eux que si la force de cohésion des molécules de l'un ou de l'autre est moindre que leur affinité chimique.

137. Lorsque deux corps doivent se combiner, il faut que leurs molécules soient très mobiles, c'est-à-dire capables de changer de place facilement, car sans cela un contact intime ne saurait avoir lieu (40.) La première et principale condition pour produire une combinaison, consiste donc à anéantir la cohésion de l'un ou de l'autre ou des deux corps qui doivent se combiner. Ceci s'opère par la *fusion* de l'un ou de l'autre, ou de tous les deux, ou par la *dissolution* dans un liquide de l'un des corps ou de tous les deux.

138. Deux corps solides, doués d'une

affinité puissante se combinent dans les points où ils se trouvent en contact. Si le produit de la combinaison est solide, les particules interposées du nouveau composé entravent les progrès de la combinaison, et celle-ci reste imparfaite. (Acide oxalique de chaux.)

139. Lorsqu'au moment de la combinaison l'un des corps devient liquide, ou que le produit de la combinaison est liquide, la combinaison est complète. (Le cuivre et le soufre, très divisés et broyés ensemble, se combinent avec ignition. Sel marin et neige.)

140. Les corps gazeux dont l'élasticité, à l'état ordinaire, est plus grande que leur affinité pour les solides ou les liquides, ne se combinent avec ces derniers, que si on les met en contact, au moment où ces gaz se séparent d'un corps liquide ou solide, ainsi, avant qu'ils aient pris l'état gazeux, savoir leur élasticité. *Etat naissant* (status nascens), *moment de*

dégagement. (Sulfures métalliques et acides, etc.)

141. (b) *Influence de la température sur la combinaison des corps.*

L'influence considérable que doit exercer la chaleur sur le jeu des affinités, ressort déjà du changement d'état qu'elle fait subir aux corps, en ce qu'elle diminue leur cohésion et augmente par là l'affinité. Mais la chaleur peut non seulement détruire l'état de cohésion, mais aussi l'affinité de deux corps.

142. Lorsque la distance des parties constituantes d'une combinaison ou l'élasticité de l'une des parties, provoquée par la chaleur, devient plus grande que la sphère dans laquelle l'affinité chimique procède, les parties constituantes se séparent les unes des autres.

143. Il en résulte que deux corps, quelle que soit leur affinité, ne peuvent pas se combiner à une température où l'élasticité ou la distance réciproque de

leurs molécules est plus grande que la sphère de leur attraction. (Mercure et oxygène.)

144. *Augmentation des degrés d'affinité.*—Le plus souvent on peut augmenter l'affinité d'un corps pour un autre, par le contact avec un tiers corps, qui ne se combine avec aucun des deux et n'a aucune affinité pour le nouveau produit.

(Influence de l'électricité sur l'affinité chimique.—Platine, hydrogène et oxygène).

145. Dans toutes les circonstances, l'affinité de deux corps s'accroît par le contact avec un troisième corps, ayant de l'affinité pour le nouveau produit. *Affinité prédisposante.*

L'étain, le cuivre, avec un acide, ont de l'affinité pour l'oxygène de l'air.

146. *Intimité des combinaisons chimiques.*—Il résulte de l'influence de la chaleur et de la force de cohésion sur l'affinité des corps, qu'il n'existe pas de me-

sure générale pour apprécier l'intensité de l'affinité et l'intimité d'une combinaison chimique.

147. Il n'est que peu de cas, qui permettent de déterminer approximativement l'intimité de la combinaison d'un corps A avec d'autres corps B, C, D, E, etc., au moyen des différents degrés de température, qui sont nécessaires pour détuire les combinaisons AB, AC, AD, AE. (Carbonate de magnésie, de chaux, de baryte.)

148. L'intensité avec laquelle un corps A est attiré par un autre corps B, ou bien l'intimité de la combinaison AB dépend non seulement de l'intensité de l'affinité, mais aussi de la masse de l'un ou de l'autre corps en action.

149. Dans la combinaison ABB, A se trouve attiré avec plus de force que dans AB.

Tartrate, oxalate, neutre de potasse et

acide sulfurique ; tartrate , oxalate , acide de potasse et acide sulfurique.

150. Il résulte de là , que dans la combinaison ABB, B est retenu avec moins de force que dans AB.

151. Lorsqu'un corps A est mis en contact avec deux corps B et C, qui l'un et l'autre, ont de l'affinité pour A, ce dernier se partage entre B et C.

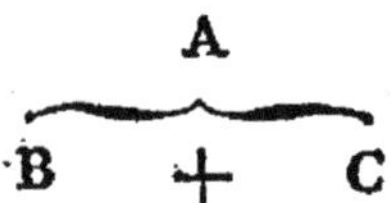

La quantité de A, dont B ou C s'empare, dépend du degré d'affinité de ces derniers corps pour A, de la masse de B ou de C en action.

Soit l'affinité de B pour A égale à 5, celle de C pour A égale à 3, et tout le reste étant supposé égal ; A $= 8\,a$ se partagera entre C et B, dans le rapport suivant :

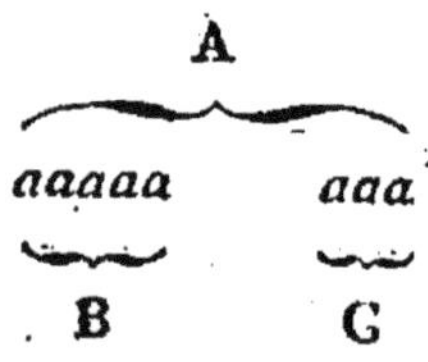

152. Lorsque la masse du C est augmentée, son affinité pour A s'accroît (148), mais d'après l'expérience cet accroissement n'a pas lieu en rapport avec la masse, mais il est moindre. Par la présence d'une masse double de C, dans le même exemple, le corps B ne cédera pas 3 a, mais moins; supposons que son affinité fût renforcée d'un tiers, B et CC se partageraient les parties égales de A $=$ 8 a.

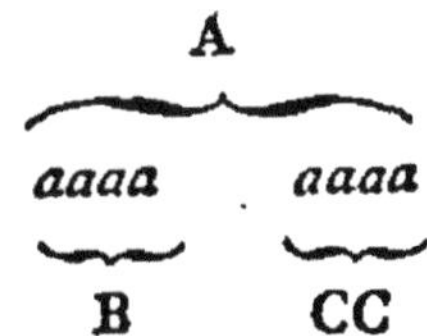

B Décomposition.

153. Si l'on présente à une combinaison AB un troisième corps C, les propriétés chimiques de celle-ci changeront ou ne changeront pas. Dans le premier cas, on appelle cette action une *décomposition* de la combinaison AB.

154. On distingue a, *décomposition totale*, et b, *décomposition partielle*.

155. La décomposition de la combinaison AB par le corps C est totale, si par l'affinité du corps C pour l'une des parties constituantes du composé AB, il se forme une nouvelle combinaison BC, de telle façon que tout le B se combine avec C et que la partie constituante A reste entièrement séparée.

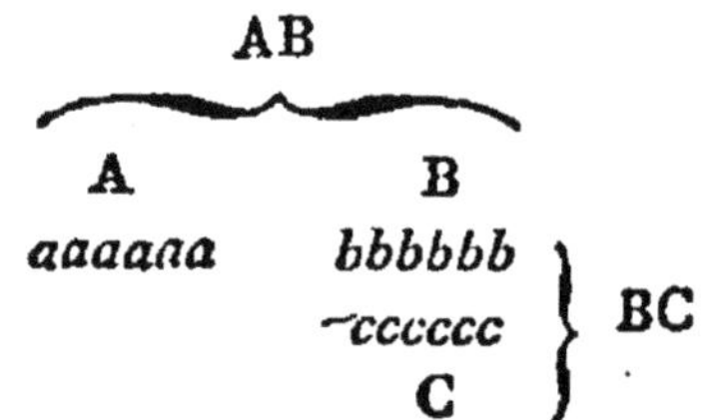

156. La décomposition totale d'une combinaison, comme conséquence simple de l'affinité d'un troisième corps, ne se présente que fort rarement.

Réduction d'oxydes métalliques dans les solutions par d'autres métaux; réduction de sulfures métalliques par d'autres métaux, etc.

157. Lorsque la décomposition d'une combinaison s'opère dans un liquide, on l'appelle *décomposition par voie humide*.

Au contraire, on a une *décomposition par voie sèche*, si les matières réagissantes sont soumises à une température élevée.

158. La décomposition totale dépend ordinairement de la *masse* et de l'*état de cohésion* des corps en action, de la *température* et de la *nature du véhicule* dans lequel la décomposition s'effectue. Le plus souvent la décomposition est partielle et ne devient totale que sous des conditions particulières.

159. *Lois de la décomposition partielle d'une combinaison.*

Lorsqu'une combinaison A B est mise en contact avec un corps C ayant de l'affinité pour B, les corps A et C se partagent le corps B, et il se produit deux nouvelles combinaisons AB et BC. Ce partage a lieu absolument de la même manière qu'il a été indiqué plus haut (152 et 155).

160. Soit $A = 8\,a$, $B = 8\,b$, $C = 8\,c$ et l'affinité et la masse (la cohésion et la

température) étant égales, chaque combinaison résultante contiendra la moitié de B.

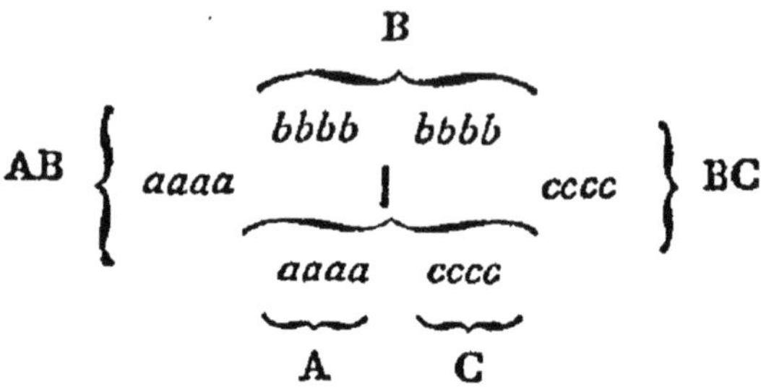

Une moitié de A (*aaaa*) s'est combinée avec la moitié de B (*bbbb*), l'autre moitié est séparée et se trouve dans le mélange, à l'état libre, la même chose a lieu pour C, dont une moitié est également libre.

161. Cet A libre (*aaaa*) et ce C libre (*cccc*) ne restent pas en inaction dans le mélange; le A libre tend à s'unir à B de la combinaison B C et réciproquement le C libre cherche à se partager entre le B de la combinaison A B; leurs masses se tiennent mutuellement l'équilibre, c'est-à-dire il ne s'opère pas de décomposition ultérieure.

162. Si du mélange (160) on sort le (*cccc*) libre, l'équilibre se trouvera dérangé ; le (*aaaa*) libre se partagera avec le (*cccc*) présent, le *b* de la combinaison $\frac{\text{8 }bbbb}{cccc}$ (151) à l'état libre, se trouvent dans le mélange *aa* et *cc*.

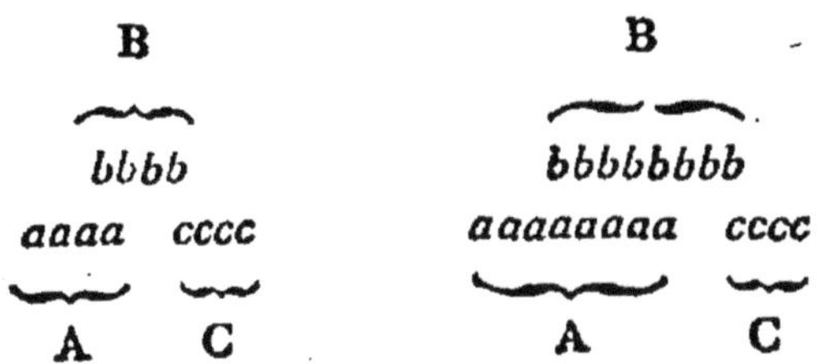

163. Si l'on ôte derechef le *cc* libre, il s'opère un nouveau partage jusqu'à séparation totale du corps C. Cette séparation a lieu réciproquement pour le corps A, si une des parties cesse d'agir.

164. La combinaison A B perd, par l'addition de C, une certaine quantité de B et il se produit une nouvelle combinaison BC. En augmentant la masse de C à CC, une plus grande quantité de B sera enlevée à A B (152).

165. Dans le même rapport que la combinaison A B a abandonné B, la masse de A s'augmente continuellement à l'égard de B; l'affinité de A pour B croît dans le même rapport que la quantité de B devient plus grande (148 et 149). De là il résulte que, par l'augmentation de masse d'un troisième corps C, une combinaison A B ne peut jamais être décomposée totalement. Le corps A ne peut jamais se séparer parfaitement de B, si les affinités sont égales ou peu différentes.

On n'en connaît qu'un seul exemple, le borate de soude et l'acide sulfurique.

166. Les lois de décomposition, telles que nous les avons développées, ne se réalisent que lorsque l'état des corps en réaction et celui des combinaisons résultantes est le même. Elles éprouvent des modifications essentielles, si l'état ordinaire de l'une des parties constituantes de la combinaison diffère de celui du corps réagissant ou de l'état du nouveau produit.

167. Soit le corps C, agissant sur la combinaison A B ; le corps A étant gazeux à la température ordinaire, il arrive une décomposition totale de la combinaison A B et une séparation complète du corps A (155). — (Carbonate de chaux et acides.)

168. L'élasticité du corps A agit dans ce cas telle qu'une affinité renforcée du corps C. Au contraire, la décomposition sera partielle, si on empêche le corps de se dégager sous forme de gaz.

169. Soit le corps A (167) non gazeux à la température ordinaire ; qu'il prenne cet état à 120°, à la température ordinaire, il n'y aura donc qu'une décomposition partielle, tandis qu'à 120° elle sera totale. (Acétate de potasse et acide sulfurique ; nitrate de potasse et acide sulfurique.)

170. La décomposition du corps A B, la séparation du corps A sera, dans les deux cas, d'autant plus parfaite que la

masse du corps réagissant C sera plus grande. De là il suit que, si l'état et la masse de l'un ou de l'autre des corps en action peuvent être changés, à une température quelconque, le succès de la décomposition variera aussi ; ou bien la décomposition n'aura pas lieu du tout, ou bien elle sera renversée.

Le peroxide de fer, calciné dans un courant de gaz hydrogène, donne du fer et de l'eau ; le fer rougi dans un courant de vapeurs aqueuses, donne du peroxide de fer et de l'hydrogène.

L'oxyde de carbone et le peroxyde de fer produisent du fer et de l'acide carbonique ; le fer et l'acide carbonique fournissent de l'oxyde de carbone et du peroxide de fer.

Le sulfure d'antimoine et l'hydrogène donnent du métal et du sulfure hydrogène ; le sulfure d'hydrogène et l'antimoine métallique produisent du sulfure d'antimoine et de l'hydrogène. (Potassium et peroxyde de fer, fer et potasse.)

171. La nature du véhicule (du liquide)

dans lequel la décomposition s'opère (161)
est d'une influence très marquée sur le
succès de la décomposition.

Celle-ci est totale :

a, Si le corps A de la combinaison AB
est insoluble dans le véhicule et que la
combinaison BC y est soluble (155 et
132).

b, Si le nouveau produit BC est insoluble dans le véhicule et le corps A au contraire soluble (132).—(Nitrate de baryte et
acide sulfurique, etc. etc.)

172. Il résulte des numéros 169 et 171
que, suivant que la décomposition s'opère
par voie sèche ou par voie humide, le
succès diffère ; il varie suivant que l'on
fait prédominer l'état de cohésion ou
l'élasticité de l'un ou de l'autre des corps
réagissants.

L'acide borique se sépare complètement de ses combinaisons par voie humide, au moyen d'acides faibles; par voie
sèche c'est lui qui expulse l'acide le plus
puissant. Par voie humide, l'acide sulfurique décompose le phosphate de chaux,

tandis que, par voie sèche, l'acide phosphorique décompose les sulfates, etc.

173. Il en résulte en outre que si l'on change aussi dans ce cas la nature du liquide, le succès de la décomposition sera modifié.

Le carbonate de chaux est décomposé par l'acide hydrochlorique aqueux ; l'acide hydrochlorique dissout dans l'esprit ne le fait pas. L'acide acétique étendu décompose le carbonate de chaux, l'acide concentré ne l'attaque guère. L'acide nitrique étendu décompose le carbonate de baryte, l'acide concentré n'agit pas ainsi. L'acide acétique hydraté décompose les carbonates de potasse et de soude ; étendu d'alcool, il n'exerce point d'action sur eux.

Dans les solutions de nitrate de chaux étendues d'eau, l'acide oxalique précipite la chaux; dans les solutions acides ceci n'a pas lieu.

Une solution étendue de sulfate de magnésie n'est point précipitée par le phosphate de soude; si l'on sature la liqueur de

phosphate de soude, la magnésie se sépare complètement. L'acide acétique
aqueux décompose le carbonate de potasse; une solution alcoolique d'acétate de
potasse est décomposée par l'acide carbonique.

174. Lorsqu'on met en contact deux
combinaisons AB et DC, dont les parties
constituantes ont de l'affinité réciproque,
il s'ensuit une décomposition. (Affinité
élective double.)

175. Si l'état et la solubilité sont les
mêmes et l'affinité différente, la décomposition est partielle; dans ce cas le mélange
renfermera quatre combinaisons, savoir,
AB, AD, DC et CB.

Une solution de sulfate de peroxyde de
fer, mêlée à de l'acétate de potasse, se
colore en brun foncé. Le sulfate de chaux

se dissout en plus grande quantité dans l'eau, par la présence du sel marin, etc.

176. La solubilité et l'état des parties réagissantes des deux combinaisons A B et D C étant différents, ou l'état de l'un ou de l'autre des nouveaux produits, ou leur solubilité étant différente, il en résulte une séparation partielle et totale de l'un ou des deux produits.

177. Suivant la température et la nature du liquide, dans lequel ces décompositions procèdent, ces dernières éprouvent des modifications ou sont renversées (168, 169, 170, 171).

Décomposition du nitrate de chaux avec le carbonate d'ammoniaque à la température ordinaire et à une température élevée.

178. La décomposition d'une combinaison A B par un corps C, dont l'affinité pour la partie B est moindre que l'affinité de A pour B, peut être effectuée par l'addition du quatrième corps D, ayant de l'affinité pour A.

L'alumine n'est décomposée ni par le carbone, ni par le chlore, le carbone et le chlore ensemble produisent de l'oxyde de carbone et du chlorure d'aluminium.

179. L'affinité prédisposante (145) modifie le succès de la décomposition.

La potasse n'est point privée de son oxygène par l'antimoine métallique, et l'acide sulfurique ne l'en est qu'en partie. Le sulfate de potasse est parfaitement décomposé en sulfure de potassium par l'action de l'antimoine.

180. *Loi de décomposition d'une combinaison de trois substances A, B, C par la chaleur de l'affinité prédisposante.*

Si une combinaison de trois ou plusieurs éléments est exposée à une température élevée, ses parties constituantes se combineront dans des proportions nouvelles, de manière à former des produits nouveaux, indécomposables à la température de leur formation.

181. Si on soumet à une haute tempé-

rature une combinaison de trois ou de plusieurs éléments, en présence d'une autre combinaison, capable de former avec deux éléments de la première, en certaines proportions, une combinaison qui résiste mieux au feu, les autres parties constituantes de la première combinaison s'uniront en un ou plusieurs produits volatils.

CHAPITRE V.

Des proportions chimiques.

182. *Première loi expérimentale.* — Les quantités de A et de B, formant la combinaison A B, sont fixes et invariables.

Dans toutes les circonstances, l'eau contient 88,91 oxygène et 11,09 hydrogène, ou bien 100 oxygène et 12,479 hydrogène, ou 1 hydrogène et 8 oxygène.

L'acide sulfurique contient 40,14 soufre et 59,86 oxygène, ou 201,17 soufre et 300 oxygène ou 16 soufre et 24 oxygène.

183. *Deuxième loi expérimentale.* —
Lorsqu'un corps A se combine avec un
autre corps B en plusieurs proportions,
la quantité de B, dans le second degré de
combinaison, sera le double de celle dans
le premier, dans lé troisième degré le
triple, dans le quatrième le quadruple, etc.

A + B premier degré de combinaison,
$B = 1$.

A + BB second degré de combinaison,
$B = 2$.

A + BBB troisième degré de combinaison, $B = 3$.

A + BBBB quatrième degré de combinaison, $B = 4$.

A + BBBBB cinquième degré de combinaison, $B = 5$.

EXEMPLES: Les degrés d'oxydation de
l'agate, du soufre, etc.

Ou bien la combinaison a lieu dans les
proportions suivantes :

AA + BBB; $A : B = 2 : 3$.

AA + BBBBB; $A : B = 2 : 5$.

AA + BBBBBBB; $A : B = 2 : 7$.

Exemples: Les degrés d'oxydation du phosphore, etc.

184. *Troisième loi expérimentale.* — Les quantités pondérales, dans lesquelles les corps se combinent, sont proportionnelles entre elles.

185. Lorsqu'un poids déterminé du corps A se combine avec 3 B et 4 C, et que l'on combine un autre corps D avec B et C, la quantité de B et de C, dont s'empare le corps D, est comme 3 : 4.

Exemples :

100 potassium $=$ A se combinent avec 41,06 soufre, 20,41 oxygène.

100 argent $=$ D se combinent avec 14,88 soufre, 7,39 oxygène. Dans ce cas, le soufre du sulfure de potassium se rapporte à l'oxygène de l'oxyde de potassium, comme le soufre du sulfure d'argent à l'oxygène de l'oxyde d'argent.

100 chlore se combinent avec 305,3 argent, 193,5 barium ; 100 soufre se

combinent avec 671,8 argent , 425,9 barium. Donc 305,3 argent : 193,5 barium = 671,8 argent : 425,9 barium.

100 acide sulfurique s'unissent avec 117,68 oxyde de potassium , 278,24 oxyde de plomb; 100 acide nitrique se combinent avec 87,13 oxyde de potassium et 205,97 oxyde de plomb. Donc 117,68 oxyde de potassium : 278,24 oxyde de plomb = 87,13 oxyde de potassium : 205,9 oxyde de plomb.

186. Lorsque 3 kilog. de A se combinent avec 5 kilog. de B, et 5 kilog. de B avec 2 kilog. de C, il se combine exactement 3 kilog. de A avec 2 kilog. de C, si toutefois ces deux corps peuvent se réunir.

$$A : B = 3 : 5$$
$$B : C = 5 : 2$$
$$\overline{A : C = 3 : 2}$$

EXEMPLES :

100 potassium se combinent avec 41,06 soufre en 141,06 sulfure de potassium et

avec 20,41 oxygène en 120, 41 oxyde de potassium. 100 acide hyposulfureux con-tiennent 66,80 soufre et 33,20 oxygène. La quantité de soufre dans l'acide hypo-sulfureux est à la quantité d'oxygène du même acide comme la quantité de soufre, combinée au potassium, est à la quantité d'oxygène qui s'empare de la même quan-tité de potassium. 66,80 soufre : 33, 20 oxygène $= 41,06$ soufre : 20, 4 oxygène.

100 oxygène se combinent avec 12,47 hydrogène en 112,47 eau et avec 201, 47 soufre en 301,17 acide hyposulfureux. 100 sulfure d'hydrogène contiennent 94,16 soufre et 5,84 hydrogène. Or, 201,17 : 12,47$=$94,15 : 5,84.

187. Par conséquent la proportion de poids, dans laquelle un corps A se com-bine avec deux autres corps B et C, étant connue, on connaît également les pro-portions de poids dans lesquelles B se combine avec C.

188. Lorsque 10 A se combinent avec 3 B, 6 C, 5 D, 7 E, etc., il se combine

exactement 3 B avec 6 C en 9 BC , 6 C avec 5 D en 11 CD , 3 B avec 7 E en 10 BE , etc., supposé toutefois que ces corps aient de l'affinité l'un pour l'autre.

$$A : B = 10 : 3$$
$$A : C = 10 : 6$$
$$A : D = 10 : 5$$
$$A : E = 10 : 7$$

$$B : C : D : E = 3 : 6 : 5 : 7$$

EXEMPLE :

100 oxygène se combinent avec 12,47 hydrogène en 112,47 eau.

100 oxygène se combinent avec 201,17 soufre en 301,17 acide hyposulfureux.

100 oxygène se combinent avec 76,44 carbone en 176,44 oxyde de carbone.

100 oxygène se combinent avec 1294,50 plomb en 1394,50 oxyde de plomb.

1294,50 plomb se combineront avec 201,17 soufre en 1495,67 sulfure de plomb; 12,47 hydrogène se combineront avec 76,44 carbone en carbone d'hydrogène.

189. Or, connaissant les proportions pondérales, dans lesquelles une quantité déterminée d'un corps, par exemple de l'oxygène, se combine avec tous les autres corps, les nombres que l'on obtient expriment :

(*a*) Les proportions pondérales dans lesquelles ces corps se combinent avec l'oxigène.

(*b*) Les proportions pondérales dans lesquelles ils se combinent entre eux, supposé qu'ils aient de l'affinité l'un pour l'autre.

C'est ainsi, comme nous allons voir plus tard, que l'on est parvenu aux nombres proportionnels suivants :

Oxigène.	100	Cérium.	574,70
Aluminium.	171,17	Chlore.	442,65
Antimoine.	1612,90	Chrôme.	351,82
Argent.	1351,61	Cobalt.	368,99
Arsenic.	470,04	Cuivre.	791,39
Azote.	177,04	Etain.	735,29
Barium.	856,88	Fer.	339,21
Bismuth.	886,92	Fluor.	116,90
Bore.	272,41	Glucynium.	331,26
Brôme.	978,31	Hydrogène.	12,4795
Cadmium.	696,77	Iode.	1579,50
Calcium.	256,02	Iridium.	1233,50
Carbone.	76,44	Lithium	80,33

Magnésium.	158,35	Silicium.	277,31
Manganèse.	345,89	Sodium.	290,90
Mercure.	2531,65	Soufre.	201,17
Molybdène.	598,52	Strontium.	547,29
Nickel.	369,68	Tantale.	2307,43
Or.	2486,03	Tellure.	801,76
Osmium.	1244,49	Thorium.	744,90
Palladium.	665,90	Titane	303,66
Phosphore.	196,14	Tungstène.	1183,00
Platine.	1233,50	Urane.	2711,30
Plomb.	1294,50	Vanadium.	856,89
Potassium.	489,92	Yttrium.	402,51
Rhodium.	1302,77	Zinc.	403,23
Sélénium.	494,58	Zirconium.	420,20

Le nombre 489,92 , dont le potassium est affecté , exprime que 100 parties d'oxygène se combinent avec 489,92 parties de potassium en 589,92 oxyde de potassium (ou 100 p. d'oxyde de potassium renferment 83,05 potassium et 16,95 oxygène) ; les nombres 489,92 potassium et 201,17 soufre expriment en outre que sans le sulfure de potassium 489,92 potassium se combinent exactement avec 201,17 soufre en 691,09 sulfure de potassium. (100 p. contiennent 70,89 potassium et 29,11 soufre.)

La même quantité d'argent 1351,61 , qui s'unit à 100 oxygène en 1451,61 oxyde

4.

d'argent, se combine avec 201,17 soufre
en 1552,78 sulfure d'argent. Il est évident
que pour transformer 1552,78 sulfure
d'argent en oxyde d'argent, on a besoin
de 100 parties d'oxygène pour expulser
201,17 parties de soufre, et réciproquement, qu'il faut 201,17 soufre pour remplacer 100 parties d'oxygène dans 1451,61
oxyde d'argent.

Il est aisé de remarquer que dans leurs
combinaisons, 100 parties d'oxygène équivalent à un peu plus que la double quantité de soufre (à 201,17).

190. Ces considérations ont fait donner
à ces nombres le nom d'*équivalents*.

Par conséquent, si, dans une combinaison de deux corps, par exemple dans
celle de l'oxygène avec le potassium, on
veut séparer, expulser, remplacer le potassium par de l'argent, du soufre, de
l'hydrogène, etc., il faut pour 489,92 =
1 équivalent de potassium, 1351,61 =
1, équivalent d'argent, ou 201,17 = 1,
équivalent de soufre, ou bien 12,47 hydrogène, etc.; et si, dans la même com-

binaison, l'on veut séparer, expulser, remplacer l'oxygène par du soufre, du chlore, de l'iode, du brôme, on a besoin, pour 100 oxygène, également de 201,17 soufre, de 442,65 chlore, de 978,31 brôme, de 1579,50 iode.

191. On appelle donc *équivalent* d'un corps la quantité *pondérale* nécessaire pour former une combinaison avec 201,17 soufre, 442,65 chlore, 1351,61 argent, 489,92 potassium, etc., c'est-à-dire avec un équivalent d'un autre corps quelconque.

192. On trouve ainsi l'équivalent d'un corps simple,

a) En calculant, d'après la composition connue de sa combinaison avec l'oxygène, la quantité de ce corps qu'il faut pour former une combinaison avec 100 = 1, équivalent d'oxygène. Le nombre trouvé est l'équivalent de ce corps ;

b) Ou bien, en calculant d'après la composition connue de sa combinaison avec le chlore, combien il en faut pour se combiner avec 442,65 = 1, équivalent de chlore;

(c) Ou bien, d'après la composition connue de sa combinaison avec le soufre, le potassium, etc., la quantité qui s'unit avec 201,17 soufre, 489,92 potassium, etc.

EXEMPLES:

Recherche de l'équivalent de l'azote moyennant le protoxyde d'azote : 100 parties contiennent 36, 10 oxygène et 63,90 azote. L'équivalent de l'oxygène étant admis = 100, il s'agit de trouver combien d'azote se combine avec 100 oxygène.

$$36,10 \text{ oxygène} : 63,90 \text{ azote} = 100 : x$$
$$x = 177, 0 \text{ azote}.$$

Recherche de l'équivalent du chlore moyennant le chlorure de potassium 100 p. de chlorure de potassium renferment, 52,53 potassium et 47,47 chlore. L'équivalent du potassium est 489,92.

$$52,53 \text{ potassium} : 47,47 \text{ chlore} = 489.92 : x$$
$$x = 442,6 \text{ chlore}.$$

193. Lorsqu'un corps se combine avec l'oxygène en plusieurs proportions, on est dans l'incertitude à l'égard de son équivalent.

EXEMPLE :

100 azote se combinent, dans le degré d'oxydation inférieur, avec 56,4 oxygène ; 100 azote s'unissent, dans le degré d'oxidation supérieur, à 282,4 oxygène. Or, si l'on calcule l'équivalent de l'azote d'après son degré d'oxydation supérieur, on le trouve égal à 35,4, tandis que, suivant le degré inférieur, on obtient 177,0.

194. Pour obvier à cet inconvénient, on est convenu d'admettre comme équivalent la quantité d'un corps qui se combine avec 100 parties d'oxygène dans le degré inférieur de combinaison.

195. Lorsqu'un corps se combine avec l'oxygène en proportions telles, que les quantités d'oxygène dans ces degrés d'oxydation ne peuvent être exprimées en nombres entiers, l'incertitude sur l'équi-

valent du corps devient encore plus grande.

100 arsenic se combinent avec 31,9 oxy-gène dans l'acide arsénieux; 100 arsenic s'unissent avec 53,1 oxygène dans l'acide arsénique. Les quantités d'oxygène qui, dans les deux acides, se combinent avec la même quantité d'arsenic, sont entre elles comme $1 : 1\frac{2}{3}$ ou comme $3 : 5$. Si l'on veut calculer l'équivalent de l'arsenic d'après le degré inférieur, on obtient 313,4; l'acide arsénieux serait donc composé de l'équivalent d'oxygène et de l'équivalent d'arsenic, et l'acide arsénique de l'équiva-lent d'arsenic et de $1\frac{1}{3}$ d'oxygène. Or, les combinaisons de ces deux acides avec d'autres corps, font voir que cette compo-sition n'est pas juste; on verra plus loin les raisons qui ont fait admettre pour l'ar-senic, ainsi que pour quelques autres corps, d'autres équivalents que ceux qui résultent immédiatement de la compo-sition.

196. Lorsqu'un ou plusieurs équivalents d'un corps simple A se combinent avec

un autre B, en plusieurs proportions, les quantités de B sont des multiples en nombres entiers de l'équivalent de B. (183.)

EXEMPLES :

201,17 soufre = 1,équivalent se combinent, dans le degré inférieur avec 100 oxygène, dans le second degré avec 200, et dans le quatrième degré, avec 300 oxygène. L'équivalent de l'oxygène est 100 ; or, le premier degré d'oxydation contient $100 + 1 = 1$ équivalent; le second, $100 + 2 = 2$ équivalents; le quatrième $100 + 3 = 3$ équivalents.

940,08 arsenic ($= 2$ équivalents) s'unissent à 300 ($= 3. 100$) oxygène dans le premier degré d'oxydation avec 500 ($= 5. 100$) dans le second degré.

197. L'équivalent d'un corps composé est la somme des équivalents de ses principes constituants.

EXEMPLES :

2 équiv. de carbone =	$2 \times 76,44$ =	152,88
1 — d'azote =		177,04
1 équiv. de cyanogène =		329,92

$$\begin{array}{ll}
\text{1 équiv. de potassium} = & 489,92 \\
\text{1 — d'oxigène} = & 100,00 \\
\hline
\text{1 équiv. de potasse} = & 589,92
\end{array}$$

198. Lorsqu'un corps composé se combine avec un autre corps, la combinaison a lieu dans les proportions *pondérales*, exprimées par les équivalents de ces corps.

$$\begin{array}{ll}
\text{1 éq. cyanogène.} = 329,92 \\
\text{1 — oxigène.} = 100,00
\end{array} \Bigg\} = \text{1 éq. acide cya-}\atop\text{nique.} = 429,92$$

$$\begin{array}{ll}
\text{1 — potasse.} \ldots\ldots\ldots\ldots\ldots = 589,92 \\
\hline
\text{1 éq. cyanote de potasse.} = 1019,84
\end{array}$$

199. Les principes des proportions chimiques nous fournissent les moyens de déterminer d'une manière exacte quelques-unes des classes les plus importantes des combinaisons chimiques.

200. On nomme *acides oxygénés* ou *oxacides* les combinaisons des corps non métalliques avec l'oxygène, dans lesquelles 1 ou 2 équivalents de radical (92) se trouvent unis à 2 ou plusieurs équivalents d'oxygène. Les degrés d'oxydation supé-

rieurs de quelques métaux constituent également des acides.

201. On appelle communément *bases oxygénées* ou *oxybases*, les combinaisons des métaux avec l'oxygène ; les uns s'unissent en plusieurs proportions à l'oxygène, les autres ne forment qu'un seul degré d'oxydation avec lui. On a admis que les degrés d'oxydation tout inférieurs contiennent 1 équivalent d'oxygène et 1 équivalent de métal (exception pour le cuivre et le mercure). Par la combinaison de 1 équivalent d'acide avec 1 équivalent de base, il résulte un *sel neutre*. (Sulfosels, etc. *V.* chap. XIII.)

202. Quant aux radicaux des acides, dont l'équivalent est douteux (195), on est convenu d'appeler équivalent la quantité qui est contenue dans un équivalent de leur oxacide.

203. On entend par équivalent d'un acide le poids de cet acide, qui est capable de neutraliser l'équivalent d'une base

quelconque, renferment 100 parties, c'est-à-dire un équivalent d'oxygène.

EXEMPLES :

Recherche de l'équivalent de l'acide nitrique, 100 p. de salpêtre contiennent 53,44 acide nitrique et 46,56 potasse. L'équivalent de la potasse est 589,92 ; il s'agit donc de trouver la quantité d'acide nitrique qu'il faut pour neutraliser 589,92 potasse. On a donc 46,56 potasse : 53,44 acide nitrique $= 589,92 : x$, $x = 677,0$ éq. de l'acide nitrique.

Recherche de l'équivalent de l'acide hyposulfureux. 100 p. d'hyposulfite de potasse se composent de 50,52 acide hyposulfureux et de 49,48 potasse. 49,48 potasse : 50,52 acide $= 589,92 : x$, $x = 602,33$ éq. de l'acide hyposulfureux. Nous savons (196) que le degré d'oxydation inférieur du soufre (l'acide hyposulfureux) se compose de 201,17 soufre et de 100 oxygène; la somme de ces deux nombres est égale à 301,17. Il est aisé de voir que ce dernier nombre n'est pas l'équivalent de l'acide ; le calcul nous a fourni 602,33 ; le nombre trouvé, savoir l'équivalent, est donc deux fois plus grand.

204. L'équivalent d'une base est le poids qu'il en faut pour former un sel neutre avec l'équivalent d'un acide quelconque.

Trouver l'équivalent du deutoxyde de cuivre. 100 sulfate de deutoxyde de cuivre renferment 79,73 deutoxyde de cuivre et 50,27 acide sulfurique. L'équivalent de l'acide sulfurique est 501,17 ; il faut donc trouver la quantité de deutoxyde de cuivre nécessaire pour se combiner avec 501,17 acide sulfurique. Or, 50,27 acide sulfurique : 49,73 deutoxyde $= 501,17 : x$, $x = 495,7$ équivalent du deutoxyde de cuivre.

205. L'équivalent d'un corps composé étant la somme des équivalents de ses éléments, et cet équivalent étant connu, il est aisé de trouver le *nombre* des équivalents de chacun de ces principes con-

stituants, au moyen de la composition connue de ce corps.

EXEMPLES :

Recherche du nombre d'équivalents d'oxygène et de soufre, contenus dans l'acide hyposulfurique. 100 acide hyposulfurique renferment 44,59 soufre et 55,41 oxygène; son équivalent est 902,33. On examine d'abord combien de soufre et d'oxygène sont renfermés dans 902,33 acide hyposulfurique. 100 acide contiennent 44,59 soufre, 902,33 renfermeront donc 402,33; 100 acide contiennent 55,41 oxygène, 902,33 renfermeront alors 500,00; somme 902,33. Or, l'équivalent du soufre est 201,17 celui de l'oxygène= 100,201,17 est contenu dans 402,34 2 fois et 100 oxygène dans 500, 5 fois. Un équivalent d'acide hyposulfurique renferme donc 2 éq. de soufre, 5 éq. d'oxygène.

Recherche du nombre d'équivalents d'arsenic et d'oxygène contenus dans l'acide arsénique (195). 589,92 potasse = 1 équiv. saturent 720,04 acide arsénique.

100 acide arsénique contiennent 65,28 arsenic, 34,72 oxigène.

720,04 acide arsénique ren- | 470,04   arsenic.
ferme donc | 250,00   oxygène.
                               ———————
                               720,04

D'après le n° 195, 470,04 étant le nombre qui exprime l'équivalent de l'arsenic et 100 oxygène, savoir : 1 équivalent étant contenu 2 fois $\frac{1}{2}$ dans 250 (oxygène de l'acide), il s'ensuit que 1 éq. d'acide arsénique se compose de 1 éq. arsenic, 2 $\frac{1}{2}$ éq. oxigène ; ces nombres, exprimés en nombres entiers, donnent : 2 éq. arsenic, 5 éq. oxygène.

Recherche du nombre des équivalents des principes constituants de l'acide benzoïque. L'équivalent de l'acide est 1433,78 ; il contient en 100 p., 74,7 carbone, 4,3 hydrogène et 21 oxygène ;

100 acide, contenant 74,7 carbone, 1433,78 renfermeront 1071,21 carbone.

100 acide, contenant 4,3 hydrogène, 1433,78 renfermeront 62,5 hydrogène.

100 acide, contenant 21,0 oxygène, 1433,78 renfermeront 300,0 oxygène.

Le nombre 1071,21 exprime la somme des équivalents de carbone; divisé par 76,4 = 1, équivalent de carbone, on obtient 14 équivalents de carbone. En divisant 62,5 par le poids d'un équivalent d'hydrogène = 12,47, on a 5 équivalents d'hydrogène. Le nombre 300 divisé par 100 = 1 éq. d'oxygène, donne 3 équivalents d'oxygène. 1 éq. d'acide benzoïque = 1433,78 se compose donc de :

14 éq. carbone.	14.	76,4
5 — hydrogène.	5.	12,5
3 — oxygène.	3.	100,0

206. Si la somme des équivalents des principes constituants d'une combinaison, c'est-à-dire l'équivalent de la combinaison est inconnu, le *nombre* des équivalents des principes constituants ne peut pas être déterminé avec certitude, mais on en peut trouver le rapport relatif, en divisant les quantités des principes constituants, trouvées par l'analyse d'un poids connu de la combinaison, par les équivalents des principes constituants.

EXEMPLES :

Recherche du nombre relatif des équivalents du sucre de lait. La composition du sucre de lait en cent est la suivante :

Carbone.	40,45
Hydrogène.	6,61
Oxygène.	52,94
	100,00

Son équivalent est inconnu ; il s'agit de trouver le rapport relatif des équivalents du carbone, de l'hydrogène et de l'oxygène ? Il est évident que, si l'équivalent du sucre de lait était $=$ 100,

$$\frac{52,9}{100} = 0,529$$ exprimerait le nombre des équivalents de l'oxygène.

$$\frac{6,61}{12,47} = 0,529$$ exprimerait celui des équivalents de l'hydrogène.

$$\frac{40,45}{76,44} = 0,529$$ exprimerait celui des équivalents de l'oxygène.

L'équivalent du sucre de lait étant sup-

posé égal à 1000, au lieu de 100, il contiendrait :

5,29 éq. oxygène.
5,29 — hydrogène.
5,29 — oxygène.

On voit de suite que dans ce corps, le nombre des équivalents de ses parties constituantes est comme $1 : 1 : 1$, mais l'équivalent de la combinaison peut en contenir le double, le triple, le quadruple.

Recherche du nombre relatif des éléments du chloral. Sa composition en cent est :

Carbone   16,6 $\dfrac{16,6}{76,4}$ = 0,217 éq. de carbone.

Hydrogène 0,7 $\dfrac{0,7}{12,5}$ = 0,056 éq. d'hydrogène.

Oxygène   10,8 $\dfrac{10,8}{100}$ = 0,108 éq. d'oxygène.

Chlore $\dfrac{71,9}{100,0}$ $\dfrac{71,9}{442,65}$ = 0,164 éq. de chlore.

Le chloral contient donc 217 éq. de carbone, 56 éq. d'hydrogène, 108 d'oxy.

gène, 163 de chlore. Si l'on calcule maintenant combien d'équivalents de chlore, de carbone et d'hydrogène s'y trouvent pour 1 équivalent d'oxygène, on peut simplifier ces proportions.

108 éq. d'oxygène : 56 éq. d'hydrogène $=$ 1 éq. d'oxygène : x. $x = 0,5$ éq. d'hydrogène.

108 éq. d'oxygène : 217 éq. de carbone $=$ 1 éq. d'oxygène : x. $x = 2$ éq. de carbone.

108 éq. d'oxygène $= 163$ éq. de chlore $= 1$ éq. d'oxygène : x. $x = 1,5$ éq. de chlore.

Le chloral contient donc 1 éq. d'oxygène ou bien 2 éq.; $\frac{1}{2}$ éq. d'hydrog. ou bien 1 éq.; 1 éq. $\frac{1}{2}$ de chlore ou bien 3 éq.; 2 éq. de carbone ou bien 4 éq.

207. Si un corps A se combine avec B et C, et que le nombre des équivalents de B et de C, qui se combinent avec 1 ou 2 éq. de A, sont égaux entre eux, on ap-

pelle les combinaisons AB et AC des *combinaisons correspondantes.*

EXEMPLES :

1 éq. de potassium se combine avec 1 éq. d'oxyg.; 1 éq. de potassium se combine avec 1 éq. de soufre. L'oxyde de potassium et le sulfure de potassium sont les combinaisons oxygénées et sulfurées correspondantes du potassium.

1 éq. de phosphore s'unit à trois équivalents d'oxyg. en acide phosphoreux ; 1 éq. de phosphore se combine avec 3 éq. de chlore en chlorure de phosphore. L'acide phosphoreux et le chlorure de phosphore sont des combinaisons correspondantes.

208. Si deux combinaisons AB et CD contiennent chacune un nombre égal d'équivalents, on dit qu'elles sont d'une *composition proportionnelle.*

EXEMPLE :

La potasse contient 1 éq. de potassium, 1 éq. d'oxyg.

L'acide hydro-chlorique renferme 1 éq. de chlore, 1 éq. d'hydrogène.

Ces deux corps sont donc d'une composition proportionnelle.

209. Lorsqu'une combinaison AB est décomposée par un corps C, ou lorsque deux combinaisons AB et CD se décomposent réciproquement, la décomposition a lieu exactement dans les proportions pondérales, représentées par les équivalents de ces corps.

210. Les combinaisons employées étant d'une composition proportionnelle, les nouveaux produits le seront aussi.

Exemples :

La potasse et l'acide hydrochlorique se décomposent réciproquement en chlorure de potassium et eau; et en effet, il faut 589,92 = 1 éq. de potasse pour 455,12 = 1 éq. d'acide hydrochlorique.

De 455,12 acide hydrochlorique = 1 équivalent

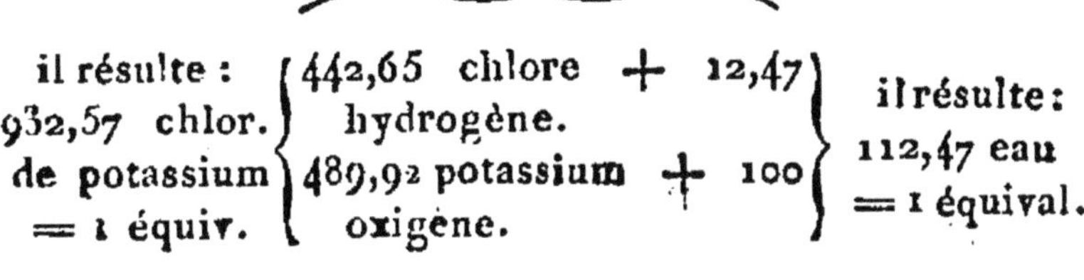

il résulte : 932,57 chlor. de potassium = 1 équiv. { 442,65 chlore + 12,47 hydrogène. 489,92 potassium + 100 oxigène. } il résulte : 112,47 eau = 1 équival.

589,92 potasse = 1 équivalent.

De 1233,10 acétate de potasse = 1 équivalent

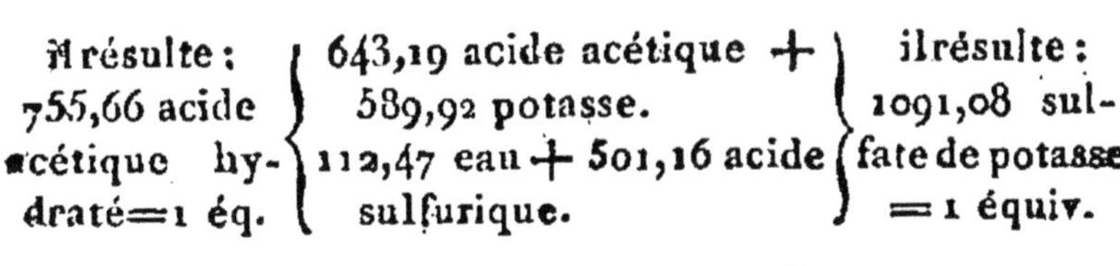

il résulte : 755,66 acide acétique hydraté=1 éq. { 643,19 acide acétique + 589,92 potasse. 112,47 eau + 501,16 acide sulfurique. } il résulte : 1091,08 sulfate de potasse = 1 équiv.

613,63 acide sulfurique hydraté — 1 équivalent.

L'acide hydrochlorique et la potasse, le chlorure de potassium et l'eau, sont des combinaisons proportionnelles.

Si l'une des combinaisons s'y trouve en plus forte quantité que n'exige le rapport réciproque des équivalents, cet excès restera non décomposé.

211. Lorsque deux combinaisons, dont

la composition n'est point proportionnelle, se décomposent réciproquement, il se décompose

a) 1 équivalent de l'une des combinaisons avec 1 équivalent de l'autre ;

(1) Dans ce cas, il se produit deux nouvelles combinaisons qui, également, ne sont point proportionnelles entre elles, mais qui correspondent aux combinaisons dont elles se sont formées.

A+B et C+DD donne AC+BDD; AB et AC sont les combinaisons correspondantes du corps A ; C + DD et B + DD sont celles du corps D.

EXEMPLES :

1 éq. de protoxyde de cuivre = 2 éq. cuivre, 1 éq. oxygène se décompose avec 1 éq. d'acide hydrochlorique = 1 éq. chlore, 1 éq. hydrogène ; en 1 éq. chlorure de cuivre = 2 éq. cuivre, 1 éq. chlore, et en 1 éq. eau = 1 éq. hydrogène, 1 éq. oxygène.

Le chlorure de cuivre et le protoxyde de cuivre sont des combinaisons correspondantes du cuivre; l'eau et l'acide hy-drochlorique sont celles de l'hydrogène.

Le peroxyde de barium se décompose avec l'acide hydrochlorique en chlorure de barium et peroxyde d'hydrogène.

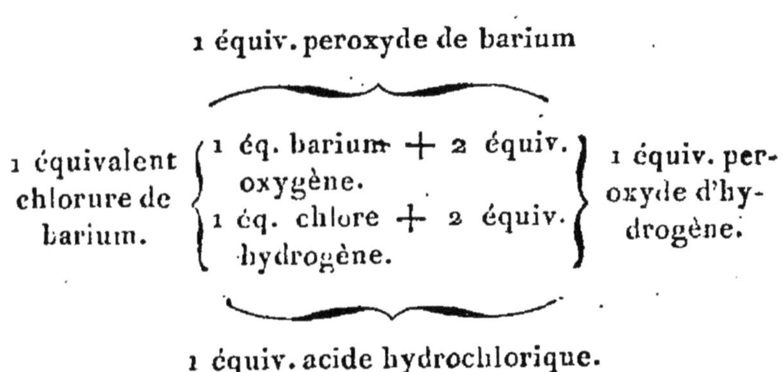

Le peroxyde de barium et le peroxyde d'hydrogène sont des combinaisons correspondantes de l'oxygène; le chlorure de barium et l'acide hydrochlorique sont celles du chlore.

212. (2) Ou bien, il se produit deux nouvelles combinaisons, proportionnelles entre elles; dans ce cas, l'une des nouvelles

combinaisons se décompose, et il se sépare une partie de l'un de ses principes constituants.

$$AB + CDD \text{ donne } AC + BD + D.$$

EXEMPLE :

1 éq. sulfure de potassium = 1 éq. potassium, 5 éq. soufre, se décompose avec 1 éq. chlorure d'argent = 1 éq. chlore 1 éq. argent, en 1 éq. sulfure d'argent = 1 éq. argent, 1 éq. soufre, et en 1 éq. chlorure de potassium = 1 éq. chlore, 1 éq. potassium ; et il se sépare, 4 éq. de soufre.

213. *b*) Un équivalent de l'une des combinaisons se compose avec 2, 3, 4, 5 équivalents de l'autre.

(1) Dans ce cas, il se produit un *nombre égal* de combinaisons non proportionnelles, mais correspondantes.

De		il se forme			
A	BBBBB	A	BBBBB	A	5 B
CCCCC	DDDDD	CCCCC	DDDDD	5 C	5 D

A + 5 B, A + 5 C sont des combinaisons correspondantes du corps A.

5 DC, 5 DB en sont du corps D.

EXEMPLE :

1 équiv. acide phosphorique

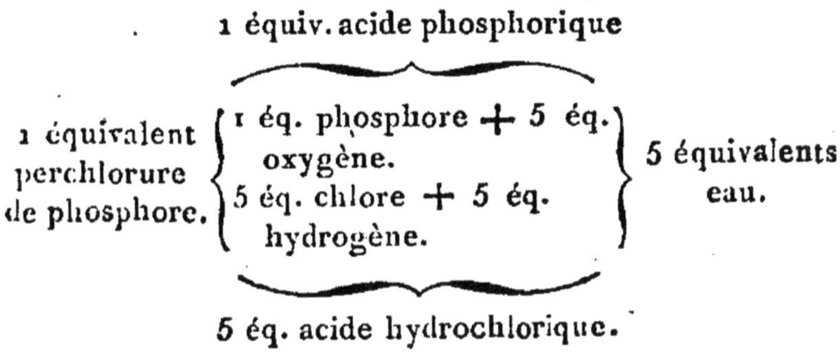

5 éq. acide hydrochlorique.

OU BIEN

de   il résulte

AA   BBB   AA | BBB   2 A | 3 B
————   ——   ——   ——   ——
CC   DD   CC | DD   2 C | 2 C

EXEMPLE :

2 éq. chlorure de fer

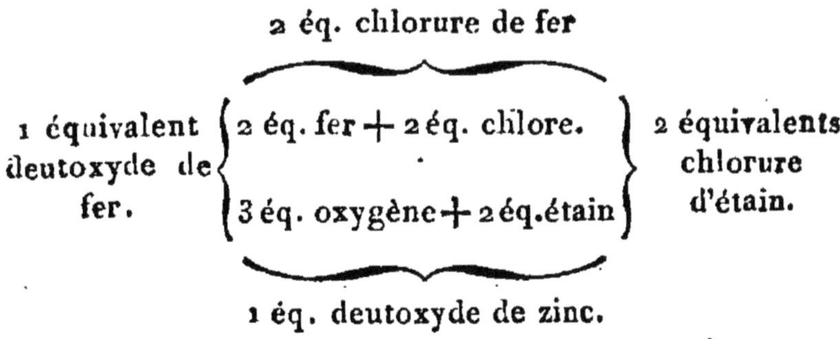

1 éq. deutoxyde de zinc.

214. (2) Si les produits de cette décomposition sont proportionnels, ou bien si l'un de ces produits ne correspond pas aux combinaisons dont il s'est formé, l'une des nouvelles combinaisons s'est décomposée, et une certaine quantité de ses principes constituants se trouve séparée.

Si de A+2 B et 2 CD, il se produit AC + 2 BD, AC et BD sont des combinaisons proportionnelles, et la moitié de C s'est séparée.

Si de A+5 B et 5 CD il résulte A+3 C et 5 BD, il s'est séparé 2 C, et la combinaison A + 3 C ne correspord pas à A + 5 B.

EXEMPLES :

1 éq. peroxyde de manganèse = 1 éq. manganèse, 2 éq. oxygène, avec 2 éq. acide hydrochlorique = 2 éq. chlore, 2 éq. hydrogène; donne 1 éq. chlorure de manganèse = 1 éq. manganèse, 1 éq. chlore, et 2 éq. eau = 2 éq. hydrogène, 2 éq. oxygène.

1 éq. chlore devient libre.

5*

1 éq. acide arsénique = 2 éq. arsenic,
5 éq. oxygène avec 5 éq. acide hydrochlorique = 5 éq. chlore, 5 éq. hydrogène,
donne 1 éq. chlorure d'arsenic = 2 éq.
arsenic, 3 éq. chlore, et 5 éq. eau = 5
éq. oxygène, 5 éq. hydrogène.

2 éq. chlore deviennent libres.

Par la présence du cyanure de potassium, il se décompose :

2 éq. protoxyde de cobalt = 2 éq. cobalt, 2 éq. oxygène, avec 3 éq. acide
hydrocyanique = 3 éq. cyanogène, 3 éq.
hydrogène ; en 1 éq. cyanide de cobalt =
2 éq. cobalt, 3 éq. cyanogène, et 2 éq.
eau = 2 éq. oxygène, 2 éq. hydrogène,
il se sépare 1 éq. hydrogène.

Le peroxyde de manganèse ne correspond point au chlorure de manganèse ;
l'acide arsénique pas au chlorure d'arsenic ; le protoxyde de cobalt pas au
cyanide de cobalt.

215. Dans toutes les circonstances, les
nouveaux produits de la décomposition
d'un ou de plusieurs corps se trouvent
dans un rapport défini et exprimable en

équivalents avec les corps dont ils se sont formés.

EXEMPLES

de décompositions plus compliquées.

(*a*) 2 éq. acide tartrique se décomposent à 200°, par la présence d'une base forte, en eau, acide oxalique et acide acétique; il se forme de

			carb.	hydr.	oxy.
2 éq. acide tartrique.	8 éq. carbone 4 — hydrogène 10 — oxygène	1 éq. acide acétique =	4	3	3
		2 éq. acide oxalique =	4	»	6
		1 éq. d'eau =		1	1
			8	4	10

(*b*) Par l'action de la chaleur, l'acide méconique se décompose en acide carbonique et acide méta-méconique; il se produit de

			carb.	hydr.	oxyg.
2 équiv. acide méconique.	14 éq. carbone 8 — hydrogène 14 — oxygène	2 éq. acide carbonique. =	2		4
		1 éq. acide méta-méconique.	12	8	10
			14	8	14

5

(*c*) Le sucre chauffé avec du permanga·
nate de potasse se décompose en oxalate
de potasse neutre, peroxyde de manganèse
et eau :

DE

	carb.	hydrog.	oxygène.	manganèse.	potasse.
1 éq. sucre. =	6 éq.	5 éq.	5 éq.	—	—
3—permanganate de potasse.	—	—	21	6 éq.	3 éq.
	6 éq.	5 éq.	26 éq.	6 éq.	3 éq.

IL SE PRODUIT :

	carb.	hydrog.	oxygène.	manganèse.	potasse.
3 éq. oxalate de potasse. =	6 éq.	—	9 éq.	—	3 éq.
6—peroxyde de manganèse.	—	—	12	6 éq.	—
5 — eau.	—	5 éq.	5	—	—
	6 éq.	5 éq.	26 éq.	6 éq.	3 éq.

CHAPITRE VI.

——

Théorie atomique.

216. Les principes que nous venons de développer dans le chapitre précédent, sont le résultat de la comparaison exacté de la composition des combinaisons avec les phénomènes qui se présentent par leur décomposition réciproque. Ils expriment des faits avec la constance et la vérité desquels aucune expérience n'est en contradiction. Les proportions chimiques sont indépendantes de toute théorie, elles n'ont aucun rapport avec une hypothèse quelconque. Mais la science doit

chercher non seulement à consolider la
vérité des proportions chimiques, elle
doit aussi examiner et étudier les causes
de leur régularité et de leur constance.

217. Il est évident que ces causes se
trouvent en rapport intime avec la constitution physique des corps. Mais lorsque nous essayons de remonter aux causes
primitives des phénomènes , les sens et
l'expérience nous abandonnent. Les dernières causes des phénomènes n'étant
donc plus perceptibles à nos sens , leur
nature étant ainsi inconnue et en majeure
partie impénétrable , il reste au physicien
seulement des suppositions et des manières de voir, pour lui rendre compte de
ces phénomènes.

218. Lorsqu'une supposition explique d'une manière conséquente une loi
de la nature ou une série de phénomènes,
lorsqu'elle ne se trouve point contrariée
par l'expérience, ni contredite par aucun
fait , on appelle le rapport de cette supposition avec les phénomènes une *théorie*.

Le physicien conclut des lois de la nature et des phénomènes sur leurs causes, et une suite de conclusions rationnelles le conduit à une explication des phénomènes, à une théorie.

219. Lorsque deux théories, dérivées de vues différentes ou contraires sur les causes des phénomènes, expliquent tous les faits et tous les phénomènes, avec la même conséquence, nous sommes dans l'incertitude laquelle des deux exprime la vérité. Si une série de phénomènes ne peut s'expliquer que par une seule vue, qui ne se trouve contrariée par aucun fait, on a tout lieu de prendre cette hypothèse pour l'expression de la véritable cause du phénomène.

220. Il s'ensuit naturellement que l'existence d'une telle cause ne saurait être niée, seulement parce que l'œil ne peut la voir ou la main la saisir. Les ondulations du son ou de la lumière n'ont jamais été vues, mais des conclusions rationnelles, appuyées par une foule d'a-

nalogies, nous en font admettre l'existence. Une autre raison pour en rejeter l'existence, ne peut pas être celle, en ce qu'on ne conçoit pas comment cette cause produit cet effet perceptible à nos sens. C'est ainsi que nous ignorons tout-à-fait comment la lumière peut produire de la chaleur, de quelle manière la chaleur porte l'eau à bouillir, comment la pesanteur peut agir à distance, comment l'affinité de deux corps en peut anéantir les propriétés.

221. L'hypothèse que Dalton a établie le premier sur la constitution physique des corps s'accorde d'une manière si parfaite avec tous les phénomènes que présentent les combinaisons et les décompositions des corps, elle se trouve soutenue par un si grand nombre d'analogies, que nous devons la considérer à présent comme l'expression exacte des proportions chimiques.

222. *Théorie atomique.* D'après cette hypothèse la matière ne se laisse point

diviser à l'infini, mais il existe une limite au-delà de laquelle aucune molécule
d'un corps ne peut être réduite en une
plus petite.

On a appelé ces molécules indivisibles
atomes; on a admis que les atomes étaient
d'un poids différent. Un corps A se compose d'un certain nombre d'atomes infiniment petits et non visibles *aaaa*..., un
corps B se compose d'atomes *bbbb*...

223. Lorsqu'un corps A a de l'affinité
pour un autre corps B, la combinaison a
lieu de telle façon, qu'une molécule
(atome) de A se combine avec une molécule (atome) de B.

Par conséquent la combinaison A B se
composera d'un certain nombre d'atomes
composés *a b*.

224. Lorsqu'un corps se combine avec

un autre en plusieurs proportions, une molécule de A se combine avec 2, 3 ou 4 etc. molécules de B.

A × 2 B se compose donc de

$$a \left| \begin{matrix} b \\ b \end{matrix} \right. \quad a \left| \begin{matrix} b \\ b \end{matrix} \right. \quad a \left| \begin{matrix} b \\ b \end{matrix} \right. \quad a \left| \begin{matrix} b \\ b \end{matrix} \right. \quad a \left| \begin{matrix} b \\ b \end{matrix} \right. \ ..$$

225. S'il était possible de connaître le nombre d'atomes dans un corps ou de déterminer sur la balance le poids des atomes de soufre, de phosphore, d'hydrogène, de potassium, etc., il serait extrêmement facile de trouver le poids d'un atome composé; mais les atomes sont chacun infiniment petits et imperceptibles à nos sens.

Or on sait, par exemple, que A se combine avec B dans les proportions de poids 5 : 3. Supposé que la combinaison A B contienne un certain nombre d'atomes A et un nombre *égal* d'atomes B, il est manifeste que le rapport 5 : 3 doit exprimer les poids relatifs des atomes A et B. Admettons que la combinaison A B renferme, par exemple, 100 atomes A et 100 atomes B, que la quantité de A pèse 5 grammes et celle de B 3 grammes, il faudra qu'un atome A (100 atomes A pèsent 5 gr., combien en pèsera 1 atome ?) pèse $\frac{5}{100}$ gr., et 1 atome B $\frac{3}{100}$ gr. En admettant toujours que le nombre des atomes A et B soit le même dans la combinaison, mais inconnu, le rapport de 5 : 3 ne changera pas, quel que soit le nombre des atomes, et supposé qu'un atome A pèse 5, un atome B pèsera 3; le poids 3 d'un atome B se rapporte donc au poids 5 de l'atome A, et réciproquement; ces nombres n'expriment pas des poids absolus, mais des poids relatifs.

100 oxygène se combinent avec 125 hydrogène pour former 1125 eau. Le rapport des poids est ici comme 1 : 8. L'eau étant donc composée d'un nombre égal d'atomes d'hydrogène et d'oxigène, le poids d'un atome d'hydrogène sera, dans toutes les circonstances, 8 fois plus petit que le poids d'un atome d'oxygène.

Si 1 at. oxygène pèse	1 at. hydrogène pèsera
1000,	125
— 1 — — — 100,	1 — — — 12,5
— 1 — — — 10,	1 — — — 1,25
— 1 — — — 1,	1 — — — 0,125
— 1 — — — 8,	1 — — — 1
— 1 — — — 16,	1 — — — 2

100 oxygène s'unissent avec 489,92 potassium en oxyde de potassium ; 100 oxygène se combinent avec 1351,61 argent
en oxyde d'argent, en admettant que dans
l'oxyde de potassium et l'oxide d'argent
1 atome d'oxygène se trouve combiné à
1 atome de potassium et à 1 atome d'argent, 1 atome de potassium pèsera 489,92,
si le poids d'un atome est supposé être
égal à 100, et 1 atome d'argent pèsera
1351,61.

Si l'on convient que le poids d'un atome
d'oxygène pèse 8, 1 atome de potassium
pèsera 39,15, et 1 atome d'argent 108, en
effet : 100 oxygène : 489,92 potasse, =
8 oxygène : x potasse, x = 39,15, etc.

226. La raison pourquoi les corps ne
se combinent entre eux que dans de certains poids, pourquoi des poids inégaux
de ces corps se remplacent mutuellement,
pourquoi la combinaison d'un corps
avec un autre n'a pas lieu dans toutes les
proportions, s'explique suivant cette hypothèse par l'existence des molécules indivisibles dont le poids est différent. Il n'y

a pas de vue qui puisse rivaliser avec celle-ci, sous le rapport de la probabilité.

227. Il est aisé de remarquer que les équivalents (189) expriment les poids relatifs des atomes, si la combinaison de laquelle ils sont dérivés est supposée contenir ratome de chaque corps. En examinant ainsi cette supposition par l'expérience, on trouve qu'elle est exacte pour un grand nombre de ces combinaisons, mais nullement pour toutes.

228. Si, dans ce qui suit, nous admettons atome et équivalent comme synonymes, il résulte des lois de la théorie atomique une manière déterminée d'envisager la composition de beaucoup de corps. Nous allons la rendre intelligible par les principes suivans :

229. *Premier principe.* Une combinaison de 1 équivalent A avec $\frac{1}{2}$ équivalent B est impossible, les atomes étant indivisibles.

EXEMPLES :

Le fer se combine avec l'oxygène en deux proportions; la combinaison inférieure renferme 339,21 fer pour 100 oxygène. La supérieure contient 339,21 fer pour 150 oxygène. En admettant maintenant que le premier degré d'oxydation renferme 1 équivalent de fer pour 1 éq. d'oxygène, il y aurait dans la seconde combinaison $1\frac{1}{2}$ équiv. d'oxgyène pour la même quantité de fer. Ce mode de combinaison n'est guère admissible d'après la théorie atomique : pour le mettre en concordance avec cette dernière, il faut admettre que le deutoxyde se compose de 2 équivalents de fer pour 3 éq. d'oxygène, d'où il résulte de plus, que les combinaisons de chlore, de brôme, etc., correspondant au deutoxyde de fer, contiennent 3 éq. de chlore, 3 éq. de brôme. Une autre conséquence, qui se déduit de cette composition du deutoxyde de fer est celle, que pour former un sel neutre avec l'acide sulfurique, 1 équivalent doit se combiner avec 3 équivalents d'acide sulfurique, car il contient 3oo, c'est-à-dire 3 équivalents d'oxigène (2o3). Le deutoxyde de manganèse est dans le même cas.

23o. *Deuxième principe.* — Lorsqu'un corps composé se combine avec un autre corps composé, et que ces corps renferment un élémént commun, le nombre des équivalents de cet élément dans l'une des combinaisons se trouve dans un certain rapport, exprimable en nombres entiers, avec le nombre des équivalents du même élément dans l'autre combinaison.

EXEMPLES :

D'après le n° 2o5, 1 éq. de potasse est neutralisé par une quantité d'acide arsénique, contenant 1 éq. d'arsenic pour $2\frac{1}{7}$ éq. d'oxygène. Cette combinaison n'est guère admissible ; car, dans ce sel, l'oxygène de la base (le nombre des atomes de l'élément commun) serait à celui de l'acide (au nombre des atomes de l'oxygène de l'acide) comme 1 est à 2 $\frac{1}{2}$. Il faut donc admettre que 1 éq. d'acide arsénique se compose de 2 éq. d'arsenic et 5 d'oxygène. Or, il résulte de là que 1 éq. d'acide arsénique se combine avec 2 éq. de base.

L'oxygène de l'oxyde de chrôme est à celui de l'acide chrômique comme 1 : 2, la quantité de chrôme étant la même dans les deux combinaisons ; mais dans les chrômates, l'oxygène de la base est à celui de l'acide comme 1 : 5. Conséquemment, un équivalent d'acide chrômique doit contenir 3 éq. d'oxygène, et de là, 1 éq. d'oxyde de chrôme se compose de 2 éq. de chrôme et 3 éq. d'oxygène.

231. D'ailleurs, dans certains corps, le nombre des atomes peut encore être déterminé, avec une grande vraisemblance, au moyen des lois de l'isomorphisme et le rapport des volumes dans lequel les corps se combinent entre eux, à l'état gazeux.

CHAPITRE VII.

Principes des combinaisons des gaz.

232. 1. Lorsqu'un corps gazeux se combine avec un autre gaz, 1 volume de l'un des corps se combine avec 1 vol., 2 vol. ou avec 3 vol., etc., de l'autre gaz.

233. 2. Le volume de la combinaison produite se trouve dans un rapport simple avec le volume des parties constituantes.

EXEMPLES:

1 vol. d'oxygène avec 2 vol. d'hydrogène,

6

en tout 3 volumes, donnent 2 vol. de vapeur d'eau

1 vol. d'oxygène avec 2 vol. d'azote = 3 vol., donnent 2 vol. de protoxyde d'azote.

1 vol. d'azote+3 vol. d'hydrogène=4 vol. fournissent 2 vol. de gaz ammoniaque.

1 vol. de soufre + 6 vol. d'hydrogène= 7 vol. donnent 6 vol. de sulfure d'hydrogène.

1 vol. de chlore+1 vol. d'hydrogène = 2 vol. produisent 2 vol. d'acide hydrochlorique.

234. 3. Lorsqu'un gaz se combine avec un autre en plusieurs proportions, les volumes des gaz produits se trouvent entre eux dans le même rapport simple que les poids atomiques.

EXEMPLE:

2 vol. d'azote se combinent avec 1 vol. d'oxygène en protoxyde d'azote.

2 vol. d'azote se combinent avec 2 vol. d'oxygène en deutoxyde d'azote. -

2 vol. d'azote se combinent avec 3 vol. d'oxygène en acide nitreux.

2 vol. d'azote se combinent avec 4 vol. d'oxygène en acide hyponitrique.

2 vol. d'azote se combinent avec 5 vol. d'oxygène en acide nitrique.

235. Le volume du gaz produit par la réunion de deux gaz est, dans toutes les circonstances, ou égal au volume des parties constituantes ou moindre que ce volume, c'est-à-dire, il y a eu *condensation*. De là, il résulte que :

236. Un volume d'une combinaison renferme ou bien un volume de chacune de ses parties constituantes, ou un multiple ou un sous-multiple de volume d'une ou de plusieurs parties constituantes.

237. Il est évident que les principes des combinaisons des gaz peuvent être déduits du volume dans lequel les combi-

naisons ont lieu, avec la même exactitude qu'au moyen de la balance. La connaissance du poids spécifique (de la densité) des corps gazeux, tant simples que composés, nous procure donc un expédient très important, pour soumettre à un examen rigoureux, la composition des combinaisons telle qu'on l'a obtenue par d'autres procédés. Nous allons donc citer la densité de quelques corps :

GAZ SIMPLES ;

Leur densité, l'air atmosphérique étant = 1.

1. Oxygène.	1,10260	9. Carbone.	0,84279
2. Hydrogène.	0,06880	10. Bore.	0,74967
3. Azote.	0,97600	11. Silicium.	1,01983
4. Fluor.	1,28894	12. Phosphore.	4,3273
5. Chlore.	2,44033	13. Arsenic.	10,362
6. Brôme.	5,39337	14. Etain.	8,10735
7. Iode.	8,70111	15. Titane.	3,34844
8. Soufre.	6,6480	16. Mercure.	6,97848

238. Les nombres indiqués ci-dessus expriment les poids inégaux de volumes

égaux de ces corps à l'état gazeux. Il faut s'habituer à regarder comme synonymes les nombres, exprimant ces poids, avec 1 volume et réciproquement 1 volume avec la densité. L'emploi qu'on en fait va être déduit des principes suivants. Il faut observer qu'on entend par 1 volume de chlore une quantité de chlore, qui pèse 2,44033 et par 2 vol. une quantité pesant 2 fois 2,44033.

(1). La densité des gaz et la proportion des volumes, suivant laquelle ces gaz se combinent, étant connues, l'on connaît la composition de la combinaison.

(2). Le volume des parties constituantes et celui de la nouvelle combinaison étant connus, l'on sait la densité de la combinaison.

(3). La densité d'une combinaison de deux gaz et la densité ainsi que le volume d'une des parties constituantes étant connus, l'on connaît la composition de la combinaison.

(4). La densité et la composition d'une combinaison étant connues, l'on sait le rapport des volumes dans lequel les parties constituantes sont combinées.

EXEMPLES:

(AD 1). 2 vol. de gaz hydrogène se combinent exactement avec 1 volume de gaz oxygène et forment de l'eau.

Si 2 vol. de gaz hydrogène pèsent 2.0,06880 = 0,13760	
1 vol. de gaz oxygène pèse	1,10260
Et l'eau produite pèse	1,24020

1,24020 contiennent en poids 0,13760 hydrogène et 1,10260 oxygène, d'après cela il est aisé de calculer la composition en 100.

1 vol. de chlore	= 2,44033
Se combine avec 1 vol. d'hydrogène	= 0,06880
Et forment de l'acide hydrochlorique	= 2,50913

(AD 2). La densité de la vapeur d'eau est 0,6202, 2 vol. de gaz hydrogène et 1 vol. de gaz oxygène ne donnent que

2 vol. de vapeur d'eau ; 1 vol. de vapeur contient donc :

1 vol. de gaz hydrogène	= 0,66880
1/2 vol. de gaz oxygène.	= 0,55130
Densité calculée, 1 vol. vapeur d'eau	= 0,62010

La concordance de la densité de combinaison, calculée sur la densité de ses parties constituantes (0,62010) avec la densité trouvée par l'expérience (0,6202) indique que la vapeur d'eau ou l'eau possède effectivement la composition trouvée.

La densité du gaz hydrochlorique est 1,25456.

1 vol. chlore pesant	= 2,44033
Et 1 vol. d'hydrogène	= 0,06880
Donnent 2 vol. gaz hydrochlorique.	= 2,50913

1 vol. pèse conséquemment $\frac{2,50913}{2} =$ 1,25456, densité du gaz hydrochlorique.

(AD 3). 1 vol. de gaz acide carbonique renferme 1 vol. d'oxygène,

La densité de l'acide carbonique est	1,5239
Celle de l'oxygène	1,1026
Ce dernier déduit du premier donne	0,4213

Ces 0,4213 carbone sont combinés avec 1,1026 oxygène en 1,5239 acide carbonique. Une observation se présente ici. Le carbone est un corps fixe, on ne saurait donc déterminer exactement la densité de son gaz. Or, dans l'acide carbonique, le carbone est renfermé à l'état de gaz; on sait qu'un volume d'oxygène se combine avec 0,4213 carbone; ce poids peut être un volume égal à celui de l'oxygène ou seulement $\frac{1}{2}$ vol. de gaz ou de carbone. En admettant que ce soit un volume, le gaz acide carbonique se compose de volumes égaux d'oxygène et de carbone, condensés à moitié; en supposant que ce ne soit qu'un demi-volume, il faudra qu'un volume de carbone pèse 2. 0,4213 savoir 0,8426, et l'acide car-

bonique aurait la composition suivante :
½ vol. d'oxygène, 1 vol. de carbone,
condensés en 1 vol. de gaz acide carbonique.

$$\text{1 vol. de gaz hydrosulfurique} = 1,177$$
$$\text{1 — d'hydrogène} = 0,069$$

Soufre   1,108

1,177 de gaz hydrosulfurique renferment 0,069 d'hydrogène et 1,108 de soufre. On connaît le volume du premier et
l'on veut savoir celui du soufre. Suivant les
principes indiqués, il faut que cette
quantité de soufre soit le poids d'un volume de soufre, ou bien qu'elle en soit
un multiple ou un sous-multiple. Un vol.
de soufre (la densité) pèse 6,6480; il
est évident que la quantité de soufre contenue dans 1 vol. d'hydrogène sulfuré
est moindre qu'un vol. de soufre. On
trouve de combien elle est moindre en
divisant le poids d'un volume de soufre
par le poids du soufre contenu dans 1
vol. de sulfure d'hydrogène, $\frac{6,6480}{1,108} = 6$.

Un volume de sulfure d'hydrogène contient donc 1 vol. d'hydrogène et $\frac{1}{6}$ vol. de soufre, ou bien 6 vol. renferment 6 vol. d'hydrogène $= 6,069 = 0,414$.

$$1 \text{ vol. de vapeur de soufre} \qquad = 6,648$$
$$\overline{6 \text{ vol. de sulfure d'hydrogène pèsent} = 7,062}$$

1 vol. de sulfure d'hydrogène pèse $\frac{7,062}{6} = 1,177$.

(*ad* 4). La densité de la vapeur d'aldéhyde a été trouvée par l'expérience $= 1,532$. 100 parties d'aldéhyde renferment 55,024 carbone, 8,983 hydrogène, 35,993 oxygène. On veut savoir le rapport du volume des parties constituantes. A cet effet on cherche combien de carbone, d'hydrogène et d'oxygène sont contenus dans 1,532 aldéhyde c'est-à-dire dans 1 volume.

100 aldéhyde renferment,

$$55,014 \text{ carbone, combien } 1,532 : x = 0,84279 \text{ vap.de carb.}$$
$$8,983 \text{ hydrogène} \quad - \quad 1,532 : x = 0,13760 \text{ gaz hydrog.}$$
$$35,993 \text{ oxygène} \quad - \quad 1,532 ; x = 0,55130 \text{ gaz oxygène}$$

1,53169

On connaît donc le poids d'un volume

de carbone, savoir 0,84279 ; sans autre calcul, l'on voit que ce nombre est contenu une fois dans 1 vol. de vapeur d'aldéhyde. Le poids d'un volume de gaz hydrogène est 0,06880 ; ce dernier nombre est contenu deux fois dans 0,1376, et le poids d'un volume de gaz oxygène $=$ 1,10260 est contenu $\frac{1}{2}$ fois dans 0,55130. 1 vol. de vapeur d'aldéhyde se compose donc de 1 vol. de vapeur de carbone, 2 vol. de gaz hydrogène, $\frac{1}{2}$ vol. de gaz oxygène.

Il est aisé de remarquer qu'une erreur dans l'analyse de l'aldéhyde ou dans la détermination de la densité de sa vapeur eût dû modifier ces rapports d'une manière très notable. Si, par exemple, on n'avait trouvé que 5o pour cent de carbone, on aurait dans 1 vol. de vapeur d'aldéhyde $\frac{2}{10}$ de vol. de carbone, $\frac{11}{20}$ de vol. d'oxygène, savoir des rapports de volume, qui, contraires aux lois des combinaisons du gaz, ne sauraient être exprimés en nombres simples. Conséquemment l'analyse eût été fausse. On voit ainsi de quelle haute importance est la connaissance de la densité d'une combinaison, pour juger de l'exactitude de sa composition, surtout à l'égard des corps dont le poids atomique est inconnu. L'exemple suivant rendra la chose encore plus évidente.

La densité du chloroforme est 4,113 ; on avait trouvé pour sa composition 88,55 et 87,82 , ainsi en terme moyen 88,12 de chlore et 11,67 de carbone. 4,113 renferment donc :

3,633 chlore.

0,480 carbone.

————

4,113 savoir 1 vol.

Or, 1 vol. de chlore pèse 2,44033 et 1 vol. de carbone 0,84279.

$$2,44033 : 3,633 = 1 \text{ vol.} : x \text{ vol.} = 1,488 \text{ vol. de chlore.}$$

$$0,84279 : 0,480 = 1 \text{ vol.} : x \text{ vol.} = 0,570 \text{ vol. de carbone.}$$

Le chloroforme contiendrait donc 1,488 vol. de chlore combinés avec 0,570 vapeur de carbone. Mais d'après les principes énoncés plus haut, un volume de chloroforme ne peut renfermer que $\frac{1}{2}$ vol. de vapeur de carbone, dont le poids est $= 0,42138$, ou bien 1 vol. ou 2 volumes. On a trouvé 0,480 carbone ou 0,570 vol., ainsi plus qu'un demi-volume de vapeur de carbone et 3,633 de chlore ou 1,488 vol. et non pas 1 $\frac{1}{2}$ vol. On voit aisément que la discordance de la densité de la vapeur avec la composition admise, indique une erreur dans l'analyse, ce qui effectivement a été prouvé par le travail d'un autre chimiste.

CHAPITRE VIII.

———

Rapport des poids atomiques avec le volume des corps à l'état gazeux.

239. On a dit (77 observat.) que la compressibilité des corps solides et des corps liquides, leur élasticité, jointes à d'autres propriétés, étaient des raisons pour admettre que leurs molécules, savoir les atomes, ne se touchent pas immédiatement, mais se trouvent à une certaine distance les unes des autres.

Cette distance devient plus grande lorsque le corps est chauffé, et elle diminue à mesure qu'on le soumet à une certaine pression. Les solides et les liquides se dilatent inégalement par la chaleur; de même la diminution de leur volume, par une pression égale, est très différente. De là, on a conclu que la distance des atomes des solides et des liquides était inégale. Dans les corps gazeux au contraire, on n'observe point ces anomalies; tous les gaz se dilatent également par une même quantité de chaleur; leur volume augmente ou diminue également par une même pression, ce qui a fait admettre que leur constitution est parfaitement identique et que les atomes du gaz se trouvent à des distances égales les unes des autres. De là il suit naturellement que *deux gaz d'un même volume renferment un même nombre d'atomes.* Si cette proposition est admise comme véritable, les équivalents trouvés pour l'hydrogène, l'azote et quelques autres corps n'expriment pas le poids relatif des atomes de ces corps.

C'est-à-dire, il se combine 2 volumes d'hydrogène avec 1 volume d'oxygène.

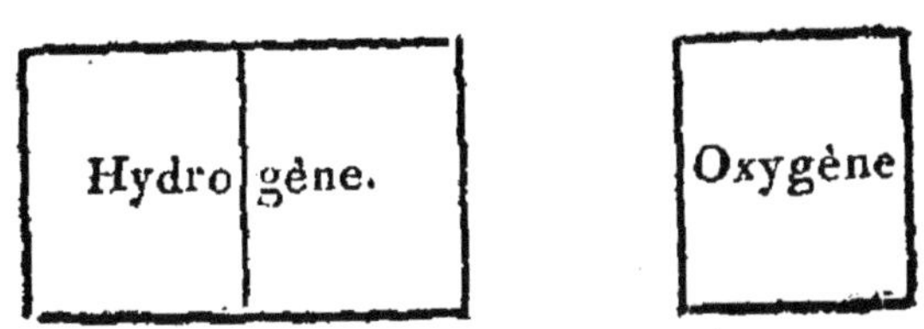

240. Il est évident que, si les gaz de même volume renferment un même nombre d'atomes, 2 ou 3 volumes d'un gaz doivent correspondre à un nombre d'atomes double ou triple. L'eau contient en poids 12,479 hydrogène pour 100 oxygène ; le volume du gaz hydrogène s'élève exactement au double de celui du gaz oxygène, d'où il resulte que 12,479 hydrogène expriment le poids de deux atomes d'hydrogène et 1 atome pèsera donc $\frac{12,479}{2} = 6,239$.

241. Comme la densité des gaz en exprime le poids relatif, à volumes égaux, il s'ensuit que, la proposition ci-dessus développée étant admise comme juste, les véritables poids atomiques des corps

duivent être proportionels à la densité de ces corps, à l'état gazeux.

242. La densité des corps cités plus haut (237) se rapporte au poids d'un même volume d'air atmosphérique, pris pour unité ; en divisant tous ces nombres par 1,1026, ainsi par le poids d'un volume d'oxygène, on obtient les poids de volumes égaux de ces corps, le poids d'un volume d'oxygène étant pris pour unité.

GAZ SIMPLES.

Densité, celle de l'oxigène = 1 ou poids atomiques.

1. Oxigène.	1,00000	9. Carbone.	0,76437
2. Hydrogène.	0,06238	10. Bore.	0,67991
3. Azote.	0,88518	11. Silicium.	0,92493
4. Fluor.	1,16900	12. Phosphore.	3,92310
5. Chlore.	2,21325	13. Arsenic.	9,40084
6. Brôme.	4,89150	14. Etain.	7,35294
7. Iode.	7,89145	15. Titane.	3,03686
8. Soufre.	6,034957	16. Mercure.	6,32911

D'après les numéros 239 et 240, il faut donc que ces poids expriment les poids atomiques des substances. En les comparant maintenant aux équivalents de ces corps, on voit qu'ils en diffèrent. 1 éq. de chlore (quantité qui remplace 100 oxygène, 201,17 soufre, etc.) pèse 442,65, 1 at. de chlore pèse suivant la théorie des volumes 221,33 ; le même cas se présente pour l'hydrogène, l'azote, l'iode, le brôme. Ainsi pour remplacer dans une combinaison 1 at. d'oxygène, il faut employer 2 at. d'hydrogène, 2 at. de chlore, etc., d'après la théorie des volumes.

243. Jusqu'à présent, beaucoup de chimistes ont admis comme loi générale la supposition mentionnée n° 241, savoir que volume et atome sont synonymes, ou, ce qui revient au même, que les densités des corps simples gazeux sont proportionnelles aux poids atomiques de ces corps. Conséquemment, ils ont modifié là-dessus les équivalents des corps. Mais les poids spécifiques de la vapeur de soufre, de phosphore et d'arsenic font voir que, si cela peut se dire de certains groupes de gaz, il faut le regarder néanmoins comme

étant décidément inapplicable à d'autres.
En d'autres termes, cela signifie que nous
n'avons pas d'idée exacte de la constitution des gaz, et qu'en partant de la théorie des volumes, nous ne pouvons pas
modifier les équivalents.

D'après la quantité de soufre contenu
dans un équivalent d'acide sulfurique,
l'équivalent du soufre est 201,17; au contraire, suivant la théorie des volumes,
1 at. de soufre pèse 603,49 (oxyg. = 100).
Il résulterait de là qu'un équivalent d'acide
sulfurique contiendrait $\frac{1}{3}$ at. de soufre
combiné à 3 at. d'oxygène, ou 1 at. de
soufre et 9 at. d'oxygène, l'acide hyposulfurique renfermerait 2 at. de soufre et
15 at. d'oxygène. Or, le rapport de l'oxygène dans la base à celui dans l'acide qui
en est neutralisé, nous apprend avec une
certitude presque positive, que ces proportions sont fausses. Si nous admettons
l'indivisibilité des atomes, c'est-à-dire la
base de la théorie des atomes, comme
étant juste, les conclusions déduites de
la théorie des volumes manquent de tout
fondement.

244. La théorie des volumes présente quelque commodité pour vérifier la composition des combinaisons, qui sont gazeuses ou se laissent convertir en gaz. Le poids spécifique de ces combinaisons est la somme des poids spécifiques des parties constituantes dans un volume, et le rapport des volumes des parties constituantes exprime exactement le nombre relatif des atomes dans la combinaison.

CHAPITRE IX.

Rapport de la forme extérieure des corps avec leur composition chimique.

ISOMORPHISME.

245. Dans beaucoup de combinaisons chimiques, un principe constituant en peut être séparé, en partie ou totalement, et être remplacé en partie ou totalement par d'autres corps, sans que ces combinaisons éprouvent d'altération sous le rapport de la forme extérieure et

de l'eau de cristallisation, si elles en contiennent.

246. On appelle *substances isomorphes* (de ίσος égal et μορφή forme), les corps ou les combinaisons qui sont capables de se substituer réciproquement dans une combinaison, sans que la forme en soit changée.

D'ailleurs les parties constituantes des combinaisons ne sont pas toutes isomorphes, lorsque les combinaisons présentent la même forme, et les combinaisons composées d'une manière égale ne possèdent pas toutes la même forme.

247. Voici les groupes les plus importants des substances isomorphes, observées jusqu'à ce jour.

Ier *groupe.*	IIIe *groupe.*
Argent. Or.	Alumine.
	Peroyde de fer.
IIe *groupe.*	Oxide de chrôme.
Acide arsénieux (dimorphe) Oxide d'antimoine.	Deutoxyde de chrôme.

IVe groupe.

Acide phosphorique.
Acide arsénique.

V^e groupe.

Acide sulfurique.
Acide sélénique.
Acide chromique.
Acide manganique.

VIe groupe.

Acide permanganique.
Acide perchlorique.

VIIe groupe.

Sels de potasse.
Sels d'ammoniaque avec 1
   éq. d'eau.

VIIIe groupe.

Oxyde d'argent.
Soude.

IXe groupe.

Baryte.
Strontiane.
Chaux (dans l'arragonite).
Oxyde de plomb.

X^e groupe.

Chaux.
Magnésie.
Protoxyde de fer.
Protoxyde de manganèse.
Oxyde de zinc.
Oxyde de nickel.
Oxyde de cobalt.
Deutoxyde de cuivre.
Oxyde de plomb (dans la
   plomb-calcite.

OBSERVATIONS.

L'acide phosphorique et l'acide arsénique renferment deux atomes de radical
pour 5 atomes d'oxygène. Chaque phosphate a un arséniate correspondant, ayant
le même nombre d'atomes de base, d'acide

et d'eau. La même analogie dans la composition et la forme, comme dans ces sels, ne se rencontre pas dans les autres groupes; tous présentent des anomalies que l'on n'est pas encore parvenu à expliquer. Les sulfates, les séléniates, les chromates et les manganates neutres possèdent la même forme et la même composition; dans ce groupe, l'acide sulfurique et l'acide sélénique sont plus rapprochés que l'acide sulfurique et l'acide chromique. Les sels correspondants de l'acide sulfurique et de l'acide sélénique ne peuvent pas être distingués par l'apparence extérieure; le séléniate de soude et le sel de glauber, le séléniate de deutoxyde de cuivre et le sulfate de cuivre, etc., possèdent des propriétés parfaitement égales. Tous ces acides contiennent un atome de radical pour trois atomes d'oxygène. Le chromate neutre de potasse et le sulfate neutre ont la même forme cristalline; mais celle du sulfate acide de potasse diffère de celle du chromate acide. Le dernier sel est anhydre; tandis que le sulfate renferme un atome d'eau.

Les sels doubles d'alumine, de peroxyde de fer, de manganèse et d'oxyde de chrome avec l'acide sulfurique et la potasse ont la même forme et contiennent la même quantité d'eau de cristallisation.

Le nitrate de baryte et celui de plomb sont des sels anhydres; ils cristallisent également, et leurs propriétés sont tellement ressemblantes, qu'on ne saurait distinguer ces deux sels. Le nitrate de strontiane cristallise sous deux formes : l'une est absolument la même que celle du nitrate de baryte et du nitrate de plomb ; le sel cristallisé sous l'autre forme renferme cinq atomes d'eau.

Les sels de potasse sont isomorphes avec les sels ammoniacaux correspondants. Les derniers contiennent en outre un atome d'eau, que l'on n'en peut pas séparer, sans entraîner une décomposition. Il faut en conclure que cette eau n'y est pas contenue comme eau de cristallisation.

Dans les substances isomorphes, l'identité de forme est souvent accompagnée d'une analogie dans les propriétés chimiques. Le phosphore et l'arsenic, le soufre et le sélénium se rapprochent par leurs propriétés et leurs combinaisons plus que de tout autre élément.

Les substances isomorphes, dont la solubilité n'est pas très différente, comme celle du perchlorate et du permanganate de potasse, cristallisent ensemble en toute proportion, de manière que, dans la plupart des cas, il est fort difficile de les séparer par cristallisation, sinon entièrement impossible. Quand deux substances isomorphes se trouvent dans la même solution, il arrive souvent que l'une d'elles n'est pas indiquée par les réactifs ordinaires, si l'autre s'y trouve en grand excès. Par la présence d'une grande quantité de sel de magnésie, la chaux n'est point précipitée de ses solutions par l'oxalate d'ammoniaque, et le protoxyde de manganèse ne peut pas être purifié de chaux, par ce même sel. (Turner.)

248. Lorsqu'on essaie de se faire une idée nette de la cause, qui fait que deux

corps possèdent la même forme, qu'ils produisent des combinaisons composées également et présentant aussi la même forme, l'on est enfin conduit à attribuer cette cause à la forme égale des molécules des corps, et à un groupement semblable à ces dernières, dans leurs combinaisons. Ceci nous mène évidemment à l'existence réelle des atomes et peut être considéré comme une preuve que la théorie atomique est quelque chose de plus qu'un simple expédient de se figurer une série de phénomènes.

249. Le rapport de la forme extérieure avec la composition chimique des corps peut être considéré comme le guide le plus sûr pour nous instruire sur la constitution chimique des combinaisons. Dans la vérification du nombre des atomes d'une combinaison, on s'appuie sur les deux propositions suivantes :

250. (1). Deux éléments de même forme produisent des combinaisons de même forme, si ces combinaisons con-

tiennent un même nombre d'atomes, groupés également.

251. (2). Une combinaison, qui est isomorphe avec une ou plusieurs autres, possède une composition semblable et renferme le même nombre d'atomes des parties constituantes.

OBSERVATIONS.—L'aluminium n'a qu'un seul degré d'oxydation, par conséquent on n'a pas un seul point d'appui pour apprécier le nombre des atomes d'oxygène qu'il prend pour former de l'alumine. Or, cette dernière étant isomorphe avec le peroxyde de fer et l'oxyde de chrome, sur la composition desquels on n'est nullement en doute (230), on en conclut qu'elle contient aussi 2 atomes de radical pour 3 atomes d'oxygène.

On a appelé équivalent, la quantité de radical qui se combine avec 100 oxygène. 100 oxygène se combinent avec 114,11 aluminium; il est évident que 300 oxygène (3 atomes) s'uniront avec 342.33 aluminium, et si cela est le poids de 2 ato-

mes d'aluminium, celui d'un atome équi-
vaudra à $\frac{342,33}{2} = 171,17$.

L'acide perchlorique est isomorphe
avec l'acide permanganique ; ce dernier
renferme 2 at. de radical pour 7 at. d'oxygène. En concluant de l'isomorphisme sur
la composition, il faudra que l'acide chlorique contienne aussi 2 atomes de radical. D'après le n° 202, on a appelé équivalent, la quantité de chlore contenue
dans un équivalent d'acide; 1 éq. d'acide
perchlorique renferme 442,65 chlore. Si
ce dernier nombre correspond à 2 ato-
mes, 1 at. pèsera $\frac{442,65}{2} = 221,32$. Avec
221,32 chlore se combinent 6,23978 hydrogène en acide hydrochlorique. Or, si
la quantité d'hydrogène, qui se combine
avec 221,32 chlore, exprime également le
poids d'un atome, il faudra qu'un atome
d'hydrog. pèse 6,23978 et l'eau sera composée de 2 at. d'hydrogène, $= 2 \times 6,23978$
et de 1 atome d'oxygène, 100.

En comparant les volumes dans lesquels deux corps se combinent ensemble,
on arrive à la même conclusion. Dans la
préparation du permanganate de potasse,

on obtient souvent un sel qui, sous le rapport de la forme, ressemble parfaitement au chlorate de potasse ; ce manganate contient 2 at. de manganèse, 5 at. d'oxygène et 1 at. de potasse.

On sait de plus que le chlorate correspondant renferme le même nombre d'atomes des parties constituantes. — De la substitution réciproque des acides chromique et sulfurique, il faut conclure en outre, que ce dernier ne contient pas $\frac{1}{3}$ d'atome, mais un atome de soufre.

251. En vérifiant les équivalents indiqués plus haut (189), en vertu des règles auxquelles nous conduit l'isomorphisme, comme nous venons de voir, les poids atomiques des corps simples se modifient de la manière suivante :

Corps simples.	Formules.	Poids atomiques.
Oxygène.	O	100,00
Aluminium.	Al	171,17
Antimoine.	Sb	806,45
Argent.	Ag	1351,61
Arsenic.	As	470,04
Azote.	N	88,52

Corps simples.	Formules.	Poids atomiques.
Barium.	Ba	856,88
Bismuth.	Bi	886,92
Bore.	B	136,25
Bromé.	Br	489,15
Cadmium.	Cd	696,77
Calcium.	Ca	256,02
Carbone.	C	76,44
Cérium.	Ce	574,70
Chlore.	Cl	221,33
Chrome.	Cr	351,82
Cobalt.	Co	368,99
Cuivre.	Cu	395,70
Etain.	Sn	735,29
Fer.	Fe	339,21
Fluor.	F	116,90
Glucynium.	G	331,26
Hydrogène.	H	6,2398
Iode.	I	789,75
Iridium.	Ir	1233,50
Lithium.	L	80,33
Magnésium.	Mg	158,35
Manganèse.	Mn	345,89
Mercure.	Hg	1265,82
Molybdène.	Mo	598,52
Nickel.	Ni	369,68
Or.	Au	1243,01
Osmium.	Os	1244,49
Palladium.	Pd	665,90
Phosphore.	P	196,14
Platine.	Pt	1233,50
Plomb.	Pb	1294,50
Potassium.	K	489,92
Rhodium.	R	651,39
Sélénium.	Se	494,58
Silicium.	Si	277,31

Corps simples.	Formules.	Poids atomiques.
Sodium.	Na	290,90
Soufre.	S	201,17
Strontium.	Sr	547,29
Tantale ou Co-lombium.	Ta	1153,72
Tellure.	Te	804,76
Thorium.	Th	744,90
Titane.	Ti	303,66
Tungstène.	W	1183,00
Urane.	U	2711,36
Vanadium.	V	856,89
Yttrium.	Y	402,51
Zinc.	Zn	403,23
Zircomium.	Zr	420,20

252. C'est de ces nombres que les chimistes se servent pour exprimer la composition de toutes les combinaisons chimiques.

253. La découverte importante des rapports isomorphes des corps cristallisés, ainsi que la détermination des causes, qui les provoquent, est due à M. *Gay-Lussac.* (*Ann. de chimie et de phys. t. II,* p. 178.) Ces lois ont reçu une grande extension par les travaux de M. *Mitscherlich;*

et c'est de ses recherches que sont déduits les groupes isomorphes décrits plus haut.

Les anomalies contre les lois de l'isomorphisme peuvent être attribuées à la cause, que beaucoup de corps composés tels que l'acide arsénieux, le carbonate de chaux, etc., ainsi que le soufre, cristallisent sous deux formes incompatibles.

CHAPITRE X.

———

254. On se sert des nombres atomiques pour exprimer d'une manière concise, facile et intelligible, la composition des corps. Car il serait impossible de retenir dans sa mémoire, la composition des corps en cent. Mais c'est avec la plus grande facilité que l'on se rappelle les rapports simples, dans lesquels les corps se combinent en poids atomiques. En désignant par exemple le peroxide de fer, comme une combinaison de 2 atomes de fer avec 3 at. d'oxigène, on n'a qu'à jeter un coup

d'œil sur le tableau ci-dessus exposé, pour trouver le rapport numérique par une simple addition.

Pour ce qui concerne l'emploi des équivalents, il faut observer que :

1 éq. d'antimoine correspond à 2 atomes d'antimoine.

1 éq. d'azote correspond à 2 at. d'azote.
1 éq. de bore   =   2 at. de bore.
1 éq. de brome   =   2 at. de brome.
1 éq. de chlore   =   2 at. de chlore.
1 éq. de fluor   =   2 at. de fluor.
1 éq. d'hydrogène=   2 at. d'hydrog.
1 éq. d'iode   =   2 at. d'iode.
1 éq. de mercure=   2 at. de merc.
1 éq. d'or   =   2 at. d'or.
$\frac{1}{2}$ éq. d'aluminium=   1 at. d'aluminium (251).
$\frac{1}{2}$ éq. de glucinium= 1 at. de glucinium.
$\frac{1}{2}$ éq. de zirconium= 1 at. de zirconium.

2 atomes de carbone, d'après M. Dumas, équivaut à un at. de carbone d'après M. Berzélius.

2 at. de bore (Dumas) = 1 at. de bore
   (Berzelius).
2 a. de silicium =   = 1 at. de silicium.
2 a. de mercure =   = 1 at. de mercu.

155. Dans le tableau indiqué plus haut, le nom de chaque élément se trouve accompagné de l'initiale de son nom latin. On se sert de ces initiales pour abréger les noms et comme symboles pour les poids atomiques. Pour représenter la composition d'une combinaison, on exprime par ces symboles les rapports pondérants des éléments et par leur position la manière dont on se les figure combinés, de la même façon comme on fait usage des formules algébriques. Par O on désigne 1 atome d'oxigène et une quantité pondérale = 100, par S atome de soufre et une quantité de soufre pesant 201,17, etc.

256. On représente les combinaisons de plusieurs atomes d'un corps avec un ou plusieurs atomes d'un autre, en apposant le nombre de ces atomes dans une com-

binaison à la partie inférieure du symbole du corps. 2 atomes de soufre s'expriment ainsi : S_2; un atome d'acide sulfurique, SO_3; un atome de potasse $= KO$. La formule SO_3, KO ou SO_3. KO ou bien $SO_3 + KO$ signifie 1 atome de sulfate de potasse. SO_3, $KO + 3 SO_3$, $AL_2 O_3$ est la formule de l'alun anhydre.

258. Au lieu de désigner deux atomes par l'apposition ou la préposition du nombre 2 au symbole et dans le but de simplifier les formules, M. Berzélius a préféré de barrer la lettre qui le représente, de manière que par exemple $\bar{F}$, signifie 2 at. de fluor $\bar{H}$, 2 at. d'hydrogène H_2, $\bar{Cl}$, 2 at de chlore. Nous ne faisons pas usage de cette modification.

258. Pour désigner les atomes d'oxygène d'une combinaison, Berzélius se sert de points placés sur le symbole; chaque point exprime 1 at. d'oxygène : $\dot{S}$ signifie donc SO_3. De même il représente le nombre des atomes de soufre par des virgules : $\overset{'''}{As}$ exprime ainsi une com-

binaison de 2 at. d'arsenic avec 3 at. de soufre.

259. Parmi les corps composés, les bases et les acides de nature organique sont également représentés par des signes particuliers. A cet effet on se sert des initiales de ces corps, sur lesquelles on pose pour les acides le signe (—) et pour les bases le signe (+). Par exemple :

$\overset{+}{S}$ signifie 1 atome de strychnine,

$\overline{\overline{T}}$, = 1 at. d'acide tartrique.

OBSERVATIONS.

Pour mieux faire comprendre l'usage des formules chimiques, nous allons exprimer les décompositions développées plus haut page 100 et suiv. (210, etc.), en nous servant de ces symboles. On verra alors que les difficultés, qui se présentent aux commençants dans l'étude de la signification et de l'usage de ces formules sont peu notables. Enfin, l'on se convaincra de l'utilité immense de ces formules, pour exprimer des décompositions compliquées. Il serait impossible d'énoncer verbalement certaines décompositions chimiques, d'une manière aussi intelligible qu'à l'aide de ces formules.

Il faut bien se rappeler que les équivalents sont modifiés ici en vertu de la théorie atomique.

Formules : acide hyposulfurique $S_2 O_5$; acide arsenic $As_2 O_5$; acide benzoïque $C_{14} H_{10} O_5$; chloral $C_4 H_2 O_2 Cl_6$; sulfure de potassium KS ; oxyde de potassium (potasse) KO ; acide phosphoreux $P_2 O_3$; chlorure de phosphore $P_2 Cl_6$.

Décompositions :

La potasse et l'acide hydrochlorique produisent du chlorure de potassium et de l'eau :

$$KO + Cl_2\ H_2 = KCl_2 + H_2\ O$$

L'acétaté de potasse et l'acide sulfurique hydraté donnent du sulfate de potasse et de l'acide acétique hydraté.

$$\acute{A}, KO + SO_3\ ,\ aq = SO_3\ KO + \acute{A},\ aq.$$

Le protoxyde de cuivre et l'acide hydrochlorique donnent du chlorure de cuivre et de l'eau.

$$Cu_2\,O + Cl_2\,H_2 = Cu_2\,Cl_2 + H_2\,O$$

Le peroxyde de barium et l'acide hydrochlorique donnent du peroxyde d'hydrogène et du chlorure de barium.

$$Ba\,O_2 + Cl_2\,H_2 = Ba\,Cl_2 + H_2\,O_2\,(\,_2HO)$$

Le quintisulfure de potassium et le chlorure d'argent produisent du sulfure d'argent, du chlorure de potassium et du soufre.

$$K\,S_5 + Cl_2\,Ag = Ag\,S + Cl_2\,K + 4S$$

Le perchlorum de phosphore et l'eau donnent de l'acide phosphorique et de l'acide hydrochlorique.

$$P_2\,Cl_{10} + 5\,H_2\,O = P_2\,O_5 + 5\,Cl_2\,H_2$$

Le peroxyde de fer et le chlorure d'étain donnent du chlorure de fer et du sesquioxyde d'étain.

$$Fe_2\ O_3 + \tfrac{2}{4}\ Cl_2\ Sn = 2\ Cl_2\ Fe + Sn_2\ O_3$$

Le peroxyde de manganèse et l'acide hydrochlorique donnent du chlorure de manganèse, de l'eau et du chlore libre.

$$Mn\ O_2 + 2\ Cl_2\ H_2 = Cl_2\ Mn + 2\ H_2\ O + Cl_2$$

L'acide arsénique et l'acide hydrochlorique donnent du chlorure d'arsenic, de l'eau et du chlore libre.

$$A_2\ O_5 \times 5\ Cl_2\ H_2 = As_2\ Cl_6 + 5\ H_2\ O + Cl_2$$

Par la présence du cyanure de potassium, le protoxyde de cobalt se décompose par l'hydrogène cyanuré en percyanure de cobalt, eau et hydrogène libre.

$$2\ Co\ O + 3\ Cy_2\ H_2 = Co_2\ Cy_6 + 2\ H_2\ O + H_2$$

L'acide tartrique se décompose à 200°

etc., en eau, acide oxalique et acide acétique.

$$2\,C_4\,H_4\,O_5 \quad C_4H_6\,O_3 + 2\,C_2\,O_3 + H_2\,O$$

L'acide méconique se décompose par l'action de la chaleur, en acide carbonique et acide métaméconique.

$$2\,C_7\,H_4\,O_7 = 2\,CO_2 + C_{12}\,H_8\,O_{10}$$

Le sucre, chauffé avec du permanganate de potasse, se décompose en oxalate neutre de potasse, peroxyde de manganèse et eau.

$$C_6\,H_{10}\,O_5 + 3\,Mn_2\,O_7 \,,\, KO = 3\,C_2\,O_3 \,,\, KO + 6\,Mn\,O_2 + 5\,H_2\,O$$

260. Les formules qui servent à désigner les compositions chimiques sont ou *empiriques* ou *rationnelles*. Les premières expriment en poids atomiques la composition en cent de la combinaison ; elles sont l'expression de l'analyse des corps. Les formules rationnelles, au contraire,

énoncent la vue théorique, suivant laquelle on se représente la combinaison des parties constituantes du corps. La formule SKO_4 est la formule empirique du sulfate de potasse ; SO, KO, ou bien SO, $+ KO$ ou bien SO, KO en est la rationnelle. La deuxième montre que de 4 atomes d'oxygène, 3 at. se trouvent combinés avec un atome de soufre, en acide sulfurique et 1 at. avec 1 at. de potassium, en potasse. $C_4H_{12}O_2$ est la formule empirique de l'alcool; $C_4H_{10}O + $ aq. (H_2O) en est la formule rationelle. Cette dernière fait voir que l'alcool est l'hydrate de l'éther.

CHAPITRE XI.

———

Combinaisons isomériques.

261. Autrefois on admettait comme axiome que les mêmes éléments réunis entre eux dans la même proportion pondérale, devaient former dans toutes les circonstances une combinaison douée des mêmes propriétés. Or, il résulte naturellement de la théorie atomique que les propriétés des combinaisons doivent dépendre de l'arrangement des atomes; la composition en cent des corps ne peut donc guère stipuler les propriétés chimiques. La découverte d'un grand nombre de corps,

ayant la même composition en cent, et doués de propriétés entièrement différentes, est devenue dans les derniers temps un nouvel appui de la théorie atomique.

262. On nomme cette classe de corps *Combinaisons isomériques* des noms grecs ἰσος égal, et μερος partie. On dit que l'acide fulminique est isomérique avec l'acide cyanique, cela signifie que l'un et l'autre ont la même composition en cent, mais jouissent de propriétés différentes.

Dans certaines combinaisons isomériques, on connaît le mode de réunion des éléments, par exemple :

$$\text{Ether acét.} = \underset{\text{Ether.}}{C_4 H_{10} O} + \underset{\text{Acide acétique.}}{C_4 H_6 O_3} = C_8 H_{16} O_4$$

$$\text{Aldéhyde.} = C_4 H_6 O + \underset{\text{Eau}}{H_2 O} = C_4 H_8 O_2 .$$

Il est aisé de voir que les formules empiriques de l'éther acétique et de l'aldéhyde donnent la même composition en cent ; mais d'après la première, le poids atomique est le double de celui qu'on obtient par la seconde formule.

263. Les combinaisons de ce genre ayant la même composition en cent, mais un poids atomique différent, sont appelées par M. Berzélius, *corps polymériques.*

264. Deux combinaisons isomériques, ayant un poids atomique égal, mais une formule rationnelle différente, sont nommées par **M.** Berzélius *corps métamériques.*

265. Deux combinaisons d'un poids atomique égal et de la même composition, mais dont la constitution, c'est-à-dire la manière dont les atomes sont groupés, est inconnue, sont désignées par M. Berzélius tout simplement par corps isomériques. Il est naturel qu'à mesure que les progrès de la science nous éclaireront sur leur constitution, nous devrons compter cette classe de combinaisons parmi les corps métamérique.

266. Par l'action de la chaleur, certaines combinaisons chimiques éprouvent une altération dans leurs propriétés chimiques, altération qui ne s'étend guère sur leur composition. Tel, par exemple, l'acide phosphorique, chauffé jusqu'à un certain point, donne un nouvel acide doué d'une autre capacité de saturation (voyez plus bas) formant des sels dont la forme, la composition et les propriétés diffèrent absolument de celles des phosphates ordinaires. Ce nouvel acide, ainsi que ses sels, peuvent à leur tour être reconvertis dans l'acide et les sels dont ils se sont formés. Plusieurs autres combinaisons, telles que l'acide tartrique, l'oxyde de chrome se comportent d'une manière analogue. C'est à tort qu'on a compté cette classe de corps parmi les corps isomériques; car dans ces derniers on doit chercher la cause de la différence dans l'arrangement moléculaire des éléments, tandis que pour la classe des corps en question, on ne peut pas admettre cette raison; les propriétés chimiques qu'ils présentent sont variables

et dues à des causes passagères. Nous devons considérer ce phénomène comme provenant de l'intimité inégale de la combinaison des éléments, l'arrangement moléculaire restant le même.

CHAPITRE XII.

——

Sur les corps catalytiques.

267. Les décompositions des combinaisons chimiques n'ont lieu ordinairement que par l'action d'autres corps, de façon que le corps réagissant produit une nouvelle composition, en s'unissant à une des parties constituantes du corps en décomposition.

268. L'observation que l'on a faite, qu'une certaine classe de combinaisons

en contact les unes avec les autres, se décomposent en de nouvelles combinaisons sans que le corps réagissant se combine avec l'un des nouveaux produits ou sans qu'il abandonne aucune de ses parties constituantes, a conduit M. Berzélius à considérer ce genre de décomposition comme étant dû à une force particulière. Cette force serait provoquée uniquement par le contact d'un corps et entraînerait ainsi la décomposition de la combinaison. Il lui a donné le nom de *force catalytique*, et il la compare à l'activité particulière de l'organisation humaine, de préparer les principes nécessaires à l'existence des corps, tels que le sang, etc., au moyen des aliments.

EXEMPLES :

Le sucre en contact avec de l'eau et du ferment se décompose en acide carbonique et en alcool; l'amygdaline, en contact avec l'émulsine, se décompose en acide prussique et en huile d'amandes amères; le peroxyde d'hydrogène, en contact avec le peroxyde de manganèse, se décompose en oxygène et eau. Le sirop de sucre, épais et en ébullition, de manière à former des bulles sèches, se liquéfie comme de l'eau, par l'addition de $\frac{1}{1000}$ d'acide oxalique et a perdu sa faculté de cristalliser.

269. Quoiqu'on ne sût contester que ces faits ne peuvent s'appliquer par la décomposition ordinaire d'un sel par un acide, ceci néanmoins ne nous donne pas la moindre raison pour créer une nouvelle force par un. nouveau mot qui n'explique pas davantage le phénomène. L'admission de cette force nouvelle est préjudiciable au développement de la science, car elle satisfait en apparence l'esprit et entrave ainsi les recherches ultérieures.

Enfin la quantité minime du corps réagissant (du ferment) qui suffit pour décomposer de grandes masses de combinaisons chimiques, ne peut pas être une raison pour attribuer la décomposition à une force nouvelle (une petite quantité de deutoxyde d'azote suffit pour produire une grande masse d'acide sulfurique), et, tant qu'on ignore ce que devient le ferment par la fermentation, il faut en laisser l'explication au temps à venir.

CHAPITRE XIII.

Considérations détaillées sur les acides, les bases et les sels.

270. Il résulte des principes des proportions chimiques quelques rapports généraux entre les acides, les bases et les sels qu'il importe de se noter.

Par *sels*, on entend, dans le sens le plus restreint, toutes les combinaisons de deux corps composés, contenant un élément commun, savoir un corps non métallique.

Les classes les plus importantes des sels sont les suivantes :

271. *Sels oxygénés* ou *oxysels*. — Ils se forment par la réunion d'un oxyde métallique (d'une base) avec un autre oxyde non métallique (d'un acide) ou par celle d'un degré d'oxydation supérieur d'un métal avec d'autres oxydes métalliques. On nomme *oxyde métallique basique* un oxyde, qui, dans toutes les circonstances, joue le rôle de base salifiable.

272. La faculté d'une base de neutraliser un acide est indépendante de la quantité de son radical; elle dépend de son contenu en oxygène. (Conséquence des n°s 203, 204 et 229.)

273. Lorsqu'une quantité définie d'un acide est neutralisée par différentes bases, la quantité d'oxygène de toutes ces bases, quel que soit leur poids, est la même (Conséquence des n°s 203 et 229.)

EXEMPLE :

5o1,16 acide sulfuriq. neutralisent 956,88 baryte, oxygène = 100.

5o1,16 acide sulfurique neutralisent 214,11 alumine, oxygène = 100.

5o1,16 acide sulfurique neutralisent 1394,11 oxyde de plomb, oxygène = 100.

5o1,16 acide sulfuriq. neutralisent 495,70 oxyde de cuivre, oxygène = 100.

5o1,16 acide sulfuriq. neutralisent 258,35 magnésie, oxygène = 100.

274. La quantité pondérale de l'oxygène de l'acide se trouve en rapport simple avec l'oxygène de la base, qui forme avec lui un sel neutre : ou bien ils contiennent l'un et l'autre la même quantité d'oxygène ou bien ce dernier est un multiple en nombres entiers de l'oxygène de la base.

EXEMPLES :

100 acide cyanique contiennent 23,26 oxigène = 1.

100 acide cyanique saturent 137,21 potasse renfermant 23,26 oxygène = 1.

100 acide nitrique renferment 73,85 oxygène = 5.

100 acide nitrique saturent 214,40 oxyde d'argent contenant 14,77 oxygène = 1.
(Conséquence du n° 229. L'oxygène de la base doit se rapporter à l'oxygène de l'acide comme le nombre d'atomes de l'oxygène de la base au nombre d'atomes de l'oxygène de l'acide.)

275. *La capacité de saturation* d'un acide est la quantité constante d'oxygène dans différentes quantités pondérales de bases, qui est nécessaire pour former un sel neutre avec 100 parties d'acide.

100 acide nitrique saturent une certaine quantité d'une base quelconque contenant 14,75 oxygène; la capacité de saturation de l'acide nitrique est donc 14,75 ou $\frac{1}{5}$ de son oxygène.

La capacité de saturation de l'acide sulfurique est 19.96.

On dit : la capacité de saturation de l'acide sulfurique est plus grand que celle de l'acide nitrique, pour exprimer, qu'à quantités égales des deux acides, l'un neutralise une plus grande base que l'autre. (Conséquence du poids atomique différent des deux acides.)

276. La composition d'un oxyde métallique peut être trouvée au moyen de la composition de sa combinaison neutre avec un ou deux acides, la capacité de saturation des acides étant connue.

EXEMPLES : Le barium et le calcium sont inconnus à l'état isolé ; mais connaissant les quantités de leurs oxydes (de baryte, de chaux) qu'il faut pour saturer 100 parties d'acide sulfurique ou nitrique, on sait ainsi que cette quantité connue des oxydes renferme 19,95 ou 14,75 oxygène.

277. Les combinaisons d'un acide avec différentes bases, dans lesquelles la capacité de saturation de l'acide est constante, quelle que soit la réaction que présentent

ces sels, s'appellent les *sels neutres* de cet acide.

Exemples : Toutes les combinaisons de l'acide sulfurique avec les bases, dans lesquelles l'oxygène de la base est $\frac{1}{3}$ de celui de l'acide se nomment sulfates neutres. Le sulfate d'alumine dissout certains métaux, réagit acide et s'appelle tout de même sulfate neutre. La formule générale pour les sulfates neutres est par ex. $SO_3 + MO$, M exprimant ici un équivalent de métal.

278. On appelle *sels basiques* ou *sous-sels*, ceux qui contiennent deux, une fois et demie, trois ou plusieurs fois autant de base que les sels neutres.

Exemple : Dans les sulfates basiques l'oxygène de la base se rapporte à celui de l'acide comme 2 : 3 ou 3 : 3 etc., ils se composent de 2 ou 3 at. de base pour 1 at. d'acide.

279. Les *sels doubles* sont des réunions de deux ou de plusieurs sels à différentes

bases, ou à différents acides. On distingue parmi les sels doubles des *sels doubles neutres* et des *basiques.*

280. Les combinaisons des acides avec l'eau, dans lesquelles la quantité d'oxygène de l'eau est égale à l'oxygène d'un oxyde métallique basique, avec lequel ils forment des sels neutres, se nomment les *hydrates* de ces acides.

Ce sont là des sels, où l'oxyde métallique est remplacé par un équivalent d'eau.

Le sulfate de potasse contient $SO_3 +$ KO, l'acide sulfurique hydraté $= SO_3 +$ H_2O.

281. Dans les acides hydratés, l'eau basique ne peut en être séparée que par l'échange d'autres bases plus fortes.

282. On nomme *sels acides* les combinaisons des sels neutres avec les hydrates du même acide.

EXEMPLE : Le sulfate acide de potasse

est une combinaison de $SO_3 + KO$ avec $SO_3 + H_2O$; c'est donc un sel double à deux bases, dont l'une est l'eau.

Le chromate acide de potasse fait exception à cette définition.

283. On appelle *halhydrates* une certaine classe de sels dans lesquels l'eau d'hydrate de l'acide entre dans la composition du sel.

Exemples: Le sulfate de soude neutre renferme 10 atomes d'eau, qui se laissent parfaitement expulser à 100°; l'eau d'hydrate de l'acide est complètement remplacée par la soude et se trouve séparée. Les 10 atomes d'eau, contenus dans le sel, sont de l'eau de cristallisation. Le sulfate de zinc renferme 7 atomes d'eau, dont 6 s'en vont à 100°; le septième atome est combiné plus intimement; sa formule est $SO_3, ZnO, H_2O + 6$ aq. Ici aq. signifie eau de cristallisation et H_2O eau d'hydrate de l'acide.

284. Les halhydrates ne se combinent pas ensemble; ils ne forment pas de sels doubles entre eux.

285. Les halhydrates ne forment des sels doubles qu'avec les sels, dans lesquels l'acide a perdu son eau d'hydrate.

Le sulfate de zinc, le sulfate de chaux sont des halhydrates ; ils sont incapables de se combiner ensemble. Mais le sulfate de zinc constitue des sels doubles avec le sulfate de potasse et de soude, le sulfate de chaux en forme avec les mêmes sels.

286. Dans les sels doubles, l'eau d'hydrate des halhydrates se trouve remplacée par une quantité correspondante d'un autre sel.

Le sulfate de zinc et de potasse est SO_3, ZnO, $(SO_3,KO)+6$ aq.

OBSERVATIONS.

La connaissance des halhydrates, c'est-à-dire des sels qui sont incapables de former entre eux des sels doubles, est d'une grande importance dans beaucoup de décompositions. Si, par exemple, on veut convertir de l'acétate de chaux en acétate de soude, par double décomposition au moyen du sel de Glauber, il faudrait employer d'après le calcul, pour un équivalent d'acétate de chaux, seulement un équivalent de sulfate de soude; mais on a besoin du double, car le sulfate de chaux est un halhydrate avec de l'eau de cristallisation, savoir : $SO_3, CaO, H_2O +$ aq. Par le contact avec le sulfate de soude, l'eau d'halhydrate est remplacée par 1 at. de sulfate de soude; il se forme un sel double $SO_3, CaO, (SO_3, NaO) +$ aq., qui se précipite dans l'eau. Le durcissement du gypse hydraté, à l'état de poudre, par l'humectation de certaines dissolutions salines, repose sur le même fait.

287. Lorsque dans un sel neutre, la quantité de métal est augmentée ou diminuée, ce sel reste neutre, car la capacité de saturation de l'acide ne change pas.

EXEMPLES :

1 at. de nitrate neutre de deutoxyde de mercure contient N_2O_5, HgO	{	1 at. d'acide nitrique, N_2O_5 dont l'oxygène $= 5,$ 1 at. de deutoxyde de mercure HgO, dont l'oxygène $= 1.$

Chauffé avec du mercure métallique, ce sel reçoit encore 1 atome de mercure et il se produit :

1 at. de nitrate neutre de protoxyde de mercure renfermant $N_2 O_5$, $Hg_2 O$ (1 at. d'acide nitrique, $N_2 O_5$, oxygène = 5.

1 at. de protoxyde de mercure, $Hg_2 O$, oxygène = 1.

Le sulfate neutre de protoxyde de cuivre, en contact avec du chlore, se transforme en sulfate neutre de deutoxyde.

De 1 at. de sulfate de protoxyde de cuivre

1 at. acide sulfurique SO_3, oxygène = 3.
1 at. de protoxyde de cuivre $Cu_2 O$, oxygène = 1

Il se produit avec 2 atomes de chlore.

1 at. de sulfate de deutoxyde de cuivre

1 at. acide sulfurique SO_3 oxygène = 3.
1 at. deutoxyde de cuivre $Cu O$, oxygène = 1.
Et 1 at. de deutochlorure de cuivre = $Cu Cl_2$.

Le sulfate neutre de deutoxyde de fer, en contact avec du fer métallique, se

convertit en sulfate neutre de protoxyde
de fer.

1 at. de sulfate de deutoxyde de fer $= 3\,SO_3 + Fe_2\,O_3$
Donne avec 1 at. de fer $= Fe$.

3 at. de sulfate de protoxyde de fer $= 3\,SO_3 + Fe_2\,O_3$
ou bien $3\,(SO_3 + Fe\,O)$.

Le sulfate de protoxyde de fer se change
par la présence du chlore, en sulfate de
deutoxyde et en perchlorure de fer.

3 at. sulfate de protoxyde de fer $= 3\,(SO_3 + Fe\,O)$
donnent avec 3 at. de chlore 1 at. de sulfate de deutoxyde
de fer $3\,SO_3 + Fe_2\,O_3$ et du perchlorure de fer $Fe\,Cl_3$

288. Lorsque dans un sel neutre,
l'oxygène de la base est augmenté, il faut
que celui de l'acide le soit aussi dans le
rapport de la capacité de saturation de
l'acide, afin que le sel reste neutre, sinon
le sel se transforme tout ou en partie en
sel basique.

EXEMPLES :

En calcinant le sulfate de protoxyde de

fer à une chaleur douce, il se transforme en un sel basique de deutoxyde, contenant $\frac{1}{3}$ de moins d'acide que le sel neutre. 2 at. de sulfate de protoxyde de fer $=$ 2 SO$_3$ + Fe$_2$ O$_2$ reçoivent 1 at. d'oxygène et deviennent $=$ 2 SO$_3$ + Fe$_2$ O$_3$. Ce sel basique traité par l'eau se décompose en sel neutre et sel surbasique. 2 at. $=$ 2 (2 SO$_3$ + Fe$_2$ O$_3$) $=$ 4 SO$_3$, 2 Fe$_2$ O$_3$ donnent :

$$
\begin{aligned}
\text{1 at. de sel neutre} \quad &= 3\,\text{SO}_3\,\text{Fe}_2\,\text{O}_3 \\
\text{1 at. de sel surbasique} &= \,\text{SO}_3\,\text{Fe}_2\,\text{O}_3 \\
\hline
&\,4\,\text{SO}_3\,2\,\text{Fe}_2\,\text{O}_3
\end{aligned}
$$

289. Enfin on appelle sels *sulfurés* ou *sulfosels* certaines combinaisons de deux sulfures, dans lesquels le soufre de l'un correspond à l'oxygène d'un oxyde métallique et le soufre de l'autre sulfure à l'oxygène d'un acide oxygéné de même métal.

EXEMPLE :

L'antimoniate de soude contient 1 at.

d'acide antimonique , 2 at. antimoine , 5 at. oxygène ; 1 at. de soude, 1 at. sodium , 1 at. oxygène.

Le persulfure d'antimoine et de sodium = Sb, S, + Na S (sulfantimoniate de sodium) renferme : 1 at. de persulfure d'antimoine, 2 at. antimoine, 5 at. soufre. 1 at. de sulfure de sodium, 1 at. sodium 1 at. soufre.

Les sels *chlorurés* ou *chlorosels* sont des combinaisons de deux, trois ou plusieurs chlorures ; les sels *fluorurés* ou *fluorosels* sont celles des fluorures, etc. Sels iodurés, brômurés, séléniurés, tellururés.

290. Lorsqu'un acide hydrogéné est mis en contact avec un oxyde métallique, tous les deux se décomposent réciproquement ; il se produit de l'eau par la réunion de l'hydrogène de l'hydracide avec l'oxygène de l'oxyde métallique, et le radical de l'hydracide se combine avec le métal de l'oxyde métallique. — Exceptions pour l'alumine, etc.

291. On divisait autrefois les oxydes métalliques basiques, en raison de leur solubilité et de leur faculté de neutraliser parfaitement les caractères des acides, en un certain nombre de groupes dont la connaissance présente quelque utilité.

(*a*) Les *alcalis proprement dits* étaient les oxydes du potassium, du sodium, du lithium. Ils sont très solubles dans l'eau ; leurs solutions corrodent l'épiderme. Ils forment avec l'acide carbonique des sels solubles.

(*b*) *Terres alcalines.* — Elles sont peu solubles dans l'eau, moins caustiques que les précédents, et produisent avec l'acide carbonique des sels insolubles. Ce sont les oxydes de barium, de strontium, de calcium et de magnésium.

(*c*) *Terres.* — Elles sont entièrement insolubles dans l'eau, sans réaction sur les couleurs végétales, et ne se combinent pas avec l'acide carbonique. Ce groupe renferme l'oxyde d'aluminium, etc.

Les sels des alcalis *a* et *b* étaient appelés jadis *sels neutres*, ceux des terres et des autres oxydes métalliques, *sels in-termédiaires.*

292. Le chlore, le brôme, l'iode et le fluor portent le nom *d'haloïdes.*

Les combinaisons de ces haloïdes avec les métaux se nomment *sels haloïdes.*

FIN.

TABLE ANALYTIQUE

DES MATIÈRES.

N. B. Au lieu de répéter presqu'à toutes les phrases le mot *Voyez*..... on a employé des caractères *italiques* pour tous les mots auxquels il est bon de recourir afin de compléter l'explication.

Chaque — représente le premier mot en majuscules placé au commencement de chaque article.

Le n° qui termine chaque phrase renvoie au n° placé en tête des paragraphes.

A.

ACIDES.—Combinaisons d'oxygène ou d'hydrogène solubles dans l'eau, qui ont la faculté de rougir certaines couleurs bleues végétales; on les distinguait autrefois en oxygénés ou *oxacides* et hydrogénés ou *hydracides*, mais pour être fidèle au système de nomenclature adopté, l'hydrogène étant dans les *hydracides* l'élément le plus positif, on doit admettre outre les *oxacides*, les

fluacides, les chloracides, les bromacides, les iodaci-
des, les sulfacides et les séléniacides, 85, 86. — Certains métaux forment également des acides avec l'oxygène, mais la plupart des acides métalliques se comportent d'une manière différente; ils sont en majeure
partie insolubles dans l'eau, 87.—Réaction acide, 90.—
S'entend généralement d'un corps qui possède la faculté
de détruire les propriétés alcalines ne fût-ce même que
d'un seul alcali, 191. — On nomme acides oxygénés ou
oxacides, les combinaisons des corps non métalliques
avec l'oxygène, 200. — Les radicaux des acides dont
l'équivalent est douteux, reçoivent pour équivalent la
quantité contenue dans un équivalent de leur *oxacide*,
202.—On entend par équivalent, le poids de cet acide
qui est capable de neutraliser l'équivalent d'une base
quelconque renfermant 100 parties ou 1 équivalent
d'oxygène, 203.—Les bases et les acides de nature organique, sont représentés comme les corps simples par
des signes particuliers, 259. — La faculté que possède
une base de neutraliser un acide, est indépendante de
la quantité de radical qu'elle contient, elle est proportionnelle à son oxygène, 272.—Lorsqu'une quantité définie d'un acide est neutralisée par différentes bases,
la quantité d'oxygène de toutes ces bases quel que soit
leur poids, est la même, 273. — La quantité pondérable
de l'oxygène de l'acide, se trouve en rapport simple avec
l'oxygène de la base qui forme avec lui un sel neutre,
274.—*Capacité de saturation*, 275. — Sels neutres, 277.
— Les sels où l'oxyde métallique est remplacé par un
équivalent d'eau, se nomment *hydrates* de ces acides,
280.—Dans les acides hydratés, l'eau basique ne peut
être séparée que par l'échange d'autres bases plus fortes, 281.—*Halhydrates*, 283.—Lorsqu'un acide hydrogéné est mis en contact avec un oxyde métallique,
tous les deux se décomposent réciproquement, il en résulte de l'eau et le radical de l'oxyde se combine avec
celui de l'hydracide, 290.

ACIDE SULFURIQUE.—Dans toutes les circonstances il contient 40,14 soufre et 59,86 oxygène, ou 201,17 soufre et 300 oxygène ou 16 soufre et 24 oxygène, 182.—Voyez *Proportions chimiques.*

AÉRIFORMES (Voyez *Corps*).—N'ont aucune force de cohésion, 29.—Leur élasticité, 30.—La force de cohésion s'y manifeste lorsqu'on les comprime, 32.—Cessent de se dilater si leur élasticité se trouve égale à la force d'attraction, 33. — Leur combinaison avec les corps liquides ou solides produit souvent leur combustion, 47.—Lorsque deux corps aériformes se combinent, il faut que leur affinité soit plus grande que leur élasticité, 48.—En se combinant avec un solide ou un liquide, ils deviennent l'un ou l'autre s'ils ne les entraînent pas à l'état aériforme, 49. — Lorsqu'ils produisent un corps liquide ou solide, leur élasticité est moindre, 51.—Leur dilatation est plus considérable que celle des corps *solides* et *liquides* à température égale, 62. — Un corps solide porté à une haute température se liquéfie, si on le chauffe encore davantage il devient aériforme, 73. — S'il reprend son état primitif à la température ordinaire il prend le nom de vapeur, 75.—Un corps aériforme se nomme gaz s'il conserve son état à la température ordinaire, 76.

AFFINITÉ CHIMIQUE.—Existe entre deux corps hétérogènes, 38.—Produit une altération des propriétés des corps hétérogènes mis en contact, 39. —Agit entre les molécules des corps hétérogènes qui se touchent, 40.——Si elle produit un 3e corps, on appelle ce fait *combinaison* (*voyez* ce mot), 41.— Deux corps ont de l'affinité lorsqu'ils possèdent la faculté de se combiner, 43. — N'ont pas d'affinité réciproque lorsque le solide n'est pas dissout par le liquide, 46. — D'un corps solide ou liquide se combinant avec un corps aériforme, 50. — D'un corps aériforme produisant un corps liquide ou solide, 51. — D'un corps pour un autre est diminuée ou détruite par tout ce qui empêche les molécules de

ces corps de se placer à la distance propre à la manifestation de l'affinité, 53.—N'est pas indispensable pour
que les corps changent d'état, 55.—L'affinité chimique,
surtout des corps liquides, est un moyen pour faire
cristalliser les corps, 100. — Lorsqu'un liquide est mis
en contact avec un solide et que ces corps ont de l'affinité
l'un pour l'autre, le corps liquide s'empare d'une certaine
quantité de corps solide qui correspond à l'affinité réciproque de ces deux corps, 101.—Si elle agit simultanément
avec la chaleur sur un corps solide, il arrive le plus souvent
que la faculté dissolvante du liquide croît avec sa température, 102.—Un liquide qui a de l'affinité pour d'autres ne perd pas sa propriété de les dissoudre quand il est
saturé à chaud d'un autre corps, par exemple d'un sel,
115.—L'affinité cesse pour un corps solide qui est tenu
en dissolution par un liquide, quand ce dernier cristallise, 128. — Si l'affinité est surpassée par la force de
cohésion, alors seulement a lieu la cristallisation, 129.
— Quand un corps solide se sépare particllement d'un
liquide, l'affinité n'est pas assez forte, 130. — S'il
n'en reste plus rien en dissolution, l'affinité n'existe
pas, ou bien la force de cohésion est beaucoup plus
énergique, 131.—Si l'affinité d'un corps solide pour le
liquide est plus faible que sa force de cohésion, on
peut obtenir le solide *cristallisé* sans refroidissement
et sans évaporation en changeant la nature du dissolvant,
133. — Les degrés d'affinité des corps sont inégaux,
134. — La manifestation de l'affinité dépend de leur
état de cohésion et de la température à laquelle on les
porte ensemble, 135. — Deux corps ne peuvent se
combiner que si la force de cohésion des molécules
de l'un ou de l'autre est moindre que leur affinité
chimique, 136. — Deux corps doués d'une affinité puissante se combinent dans les points où ils se trouvent
en contact, 138. — L'affinité des corps gazeux n'est
pas assez considérable pour qu'ils se combinent avec
un liquide, à moins qu'on ne les mette en contact au

moment où ces gaz se séparent d'un corps liquide ou
solide, 140.—Le plus souvent on peut augmenter l'affinité d'un corps pour un autre, par le contact avec un
troisième qui se combine avec l'un des deux et n'a aucune
affinité pour le produit, 144.—Dans toutes les circonstances, l'affinité de deux corps s'accroît par le contact
avec un troisième corps ayant de l'affinité pour le nouveau produit, 145. — Il résulte de l'influence de la
chaleur et de la force de cohésion sur l'affinité des
corps, qu'il n'existe pas de mesure générale pour apprécier l'intensité de l'affinité et l'intimité d'une combinaison chimique, 146. — Quand un corps est mis en
contact avec deux autres, qui l'un et l'autre ont de
l'affinité pour lui, il se partage entre les deux autres,
151. — Lorsque la masse du 3e est augmentée, son
affinité pour le premier s'accroît, mais non en rapport avec la masse, 152.—L'affinité réciproque des parties constitutives de deux combinaisons mises en contact avec deux corps produit une *décomposition*, 174.
— Si l'affinité est différente, la décomposition est partielle, 175.—Voyez *Atomes.*

AFFINITÉ PRÉDISPOSANTE. — Affinité de deux corps
qui s'accroît par le contact avec un 3e corps ayant de
l'affinité pour le produit, 145 —Elle modifie le succès
de la *décomposition*, 179. — Une combinaison de trois
ou plusieurs substances décomposée par la chaleur, for-
mera des produits nouveaux indécomposables à la température de leur formation, 180.

AIR, l'un des quatre éléments d'Aristote, composé de 79
parties d'azote et de 21 oxygène, il constitue la couche
gazeuse qui enveloppe la terre et qu'on nomme atmo-
sphère, 79.

ALCALIS. — Bases salifiables solubles, 87. — Les alcalis
proprement dits, étaient autrefois les oxides du potassium, du sodium, du lithium; ils sont très-solubles
dans l'eau; leurs solutions corrodent l'épiderme. Ils

forment avec l'acide carbonique des sels solubles, 291. A.

ALCOOLATES.— Cristaux qui contiennent de l'alcool de cristallisation , 121.

ALUMINIUM, l'un des 54 corps simples , 79. — Des 41 corps métalliques, 82.—Nombre proportionnel 171,17, l'oxygène étant 100. 189.— Formule Al, poids atomique 171,17. 251.

AMORPHES (Voy. *Corps*). —Produit des corps cristallisables qu'on a empêché de se grouper dans l'ordre de leurs cristaux réguliers. La constitution extérieure de ces corps est différente, sans changement dans leurs propriétés chimiques , 112. 113.

ANTIMOINE , l'un des 54 corps simples, 79. — Des 41 corps métalliques, 82. — Nombre proportionnel, 1612, 90. — L'oxygène étant 100. 189.— Formule Sb, poids atomique, 806,45. 251.

ARGENT, l'un des 54 corps simples, 79. — Des 41 corps métalliques , 82.—Nombre proportionnel, 1351, 61. — L'oxygène étant 100. 189. — Formule Ag, poids atomique, 1351,61. 251.

ARSENIC, l'un des 54 corps simples , 79. — Des 41 corps métalliques, 82.—Nombre proportionnel, 470, 04. l'oxygène étant 100. 189.—Formule As ; poids atomique, 470,04. 251.— Sa densité = 10,362 : l'air atmosphérique étant 1 = 9,40084 : le gaz oxygène étant 1, 242.

ATOMES (Voy. *Théorie atomique*).—Molécules indivisibles des corps. La théorie atomique admet que les atomes peuvent être d'un poids différent, 222.—Lorsqu'un corps A a de l'affinité pour un corps B, la combinaison a lieu de telle façon qu'un atome de A se combine avec un atome de B, 223.—Lorsqu'un corps se combine avec un autre en plusieurs proportions, un atome de A se combine avec 2, 3, 4, ou etc., atomes de B, 224. — S'il était possible de connaître le nombre d'atomes dans un corps , ou de déterminer par la balance le poids des atomes de soufre , de phosphore , de potassium , etc. ,

etc., il serait extrêmement facile de trouver le poids d'un atome composé, mais les atomes sont chacun infiniment petits et imperceptibles à nos sens, 225. — Dans certains corps, le nombre des atomes peut être déterminé avec une grande vraisemblance, au moyen des lois de l'*isomorphisme* et le rapport des volumes dans lequel les corps se combinent entre eux à l'état gazeux, 231.—Deux gaz d'un même volume renferment un même nombre d'atomes, contrairement à ce que l'on a observé (77) dans les corps solides et liquides, 239.—Si les gaz d'un même volume renferment un même nombre d'atomes, 2 ou 3 volumes d'un gaz doivent correspondre à un nombre d'atomes double ou triple : l'eau contient en poids 12,479 hydrogène pour 100 d'oxygène; le volume du gaz hydrogène s'élève exactement au double de celui du gaz oxygène, d'où il résulte que 12,479 hydrogène expriment le poids de 2 atomes d'hydrogène, et 1 atome pèsera 12,479=6,239. 240.—(Voy. *Volume*). Les combinaisons *isomorphes* conduisent évidemment à l'existence réelle des atomes, et peuvent être considérées comme une preuve que la théorie atomique est quelque chose de plus qu'un simple expédient de pour se figurer une série de phénomènes, 248.—Dans la vérification du nombre des atomes d'une combinaison, on s'appuie sur 2 propositions, 249.—1° Deux éléments de même forme produisent des combinaisons de même forme, si ces combinaisons contiennent un même nombre d'atomes groupés également, 250.— 2° Une combinaison qui est isomorphe avec une ou plusieurs autres, possède une composition semblable, et renferme le même nombre d'atomes dans ses parties constituantes, 251. — On se sert des nombres atomiques (251) pour exprimer d'une manière concise, facile et intelligible, la composition des corps, car il serait impossible de retenir la composition des corps en centièmes, 254. — Dans le tableau indiqué (251), le nom de chaque élément est accompagné de l'initiale de son nom latin. On se sert de ces initiales

B.

résultat se nomme sel, 88. — On appelle généralement
ainsi un corps, qui en se combinant même à un seul
acide, en neutralise les caractères acides, 91.—On appelle communément bases oxygénées ou oxybases les
combinaisons des métaux avec l'oxygène (voyez *Oxybases*), 201.—L'équivalent d'une base est le poids qu'il
en faut pour former un sel neutre avec l'équivalent
d'un acide quelconque, 204. — Les *bases* et les *acides*
de nature organique sont représentés comme les corps
simples par des signes particuliers, 259. — La faculté
que possède une base de neutraliser un acide est indépendante de la quantité de radical qu'elle contient; elle
dépend de la proportion d'oxygène auquel elle est unie,
272. — *Capacité de saturation*, 175. — *Sels neutres,
sels basiques* ou sous-sels, 278. — Sels doubles, 279.

BERYLLIUM, voyez *Glucynium*.

BISMUTH, l'un des 54 corps simples, 79. — Des 41 corps
métalliques, 82. — Nombre proportionnel, 886,92,
l'oxygène étant 100. 189.—Formule Bi, poids atomique,
886, 92. 251.

BORE, l'un des 54 corps simples, 79.—Des 13 corps non
métalliques ou métalloïdes, 82.—Nombre proportionnel, 272, 41, l'oxygène étant 100. 189. — Formule B,
poids atomique, 136,25. (1) 251.—Sa densité $=$ 0,74967 :
l'air atmosphérique étant 1, 237.—Et $=$ 0,67991 : le gaz
oxygène étant 1, 242.

BROME, l'un des 54 corps simples, 79. — Des 13 corps
non métalliques ou métalloïdes, 82.—Nombre proportionnel, 978,31, l'oxygène étant 100. 189. — Formule
Br, poids atomique, 489,15. 251.—Corps simple dont la
densité $=$ 5,39337 : l'air atmosphérique étant 1, 237.
—Et $=$ 4,89150 : le gaz oxygène étant 1, 242.—On lui
donne le nom d'Haloïde, ses combinaisons avec les
métaux se nomment sels haloïdes, 292.

---

(1) Il ne faut pas perdre de vue qu'un atome de bore, d'après
M. Berzélius,$=$ 2 atomes du même corps, d'après M. Dumas.

9*

C.

Le calorique, surtout pour les corps liquides est un moyen de faire cristalliser les corps, son emploi exige la condition indispensable que les propriétés chimiques des corps en contact, n'éprouvent aucune altération, 100.—Si le calorique agit simultanément avec l'affinité chimique sur un corps solide, l'un et l'autre tendent à détruire la force de cohésion du solide, 102. — Le calorique peut non-seulement détruire l'état de cohésion, mais aussi l'affinité de deux corps, 142. — Lorsqu'il porte la distance des parties constituantes d'une combinaison ou l'élasticité de l'une des parties hors de la sphère d'affinité qui les unit, les parties constituantes se séparent les unes des autres, 142. — Il en résulte que deux corps, quelle que soit leur affinité, ne peuvent pas se combiner à une température où l'élasticité ou bien la distance réciproque de leurs molécules est plus grande que la sphère de leur attraction, 143.

CALORIQUE SPECIFIQUE, voy. *Chaleur.*—On nomm ainsi les quantités inégales de chaleur que requièrent des poids égaux de différents corps, pour être portés à la même température, 37.

CAPACITÉ DE SATURATION, Quantité constante d'oxygène dans différentes quantités pondérables de bases qui sont nécessaires pour former un sel neutre avec 100 parties d'acide, 275.

CARBONE, l'un des 54 corps simples, 79.—Des 13 corps non métalliques ou métalloïdes, 82. — Nombre proportionnel, 76,44, l'oxigène étant 100. 189. — Formule C, poids atomique 76,44. (1) 251.—Densité=0,84279 : l'air atmosphérique étant 1, 237. — Et = 0,76437 : le gaz oxygène étant 1, 242.

CASSANT. — Etat d'un corps, 27.

---

(1) Nous devons faire remarquer que 76,44 représentent le poids atomique admis avec M. Berzélius par tous les chimistes allemands. En France il est moins fort et devient 38,218.

CATALYTIQUE.— Voy. *Force catalytique.*

CERIUM , l'un des 54 corps simples, 79. — Des 41 corps
métalliques, 82. —Nombre proportionnel 574,70, l'o-
xygène étant 100. 189.—Formule Ce, poids atomique ,
574,70. 251.

CHALEUR.—Est la sensation que nous fait éprouver une
accumulation de calorique. (Voyez *Calorique.*)

CHALEUR THERMOMETRIQUE, libre ou sensible,
la quantité de chaleur que le mercure du thermomètre
reçoit ou abandonne pour se dilater ou se contracter
jusqu'à un certain point, 70.

CHAUD (CORPS), qui abandonne de la chaleur à nos
organes, 61.

CHAUFFÉS (CORPS), voyez *Calorique.* — Un corps pénétré de calorique tend à se refroidir; s'il en contient
moins que les corps environnants il s'échauffe, 57. —
Chauffer un corps à 30 ou 40 degrés Celsius, cela veut
dire accumuler en lui une quantité de calorique telle
que le mercure du thermomètre centigrade, se dilate
jusqu'au point qui , en partant du zéro, répond à 30 ou 40
fois la centième partie de l'échelle, 68.

CHLORE , l'un des 54 corps simples, 79. — Des 13 corps
non métalliques ou métalloïdes , 82. — Nombre proportionnel, 442,65, l'oxigène étant 100. 189.—Formule Cl,
poids atomique 221, 33. 251. — Densité = 2,44033 : l'air
atmosphérique étant 1, 237. — Et = 2,21325 : le gaz
oxygène étant 1, 242.—Il se nomme *haloïde*, et sa combinaison avec les métaux est appelée sel *haloïde*, 292.

CLORIDES. (Voy. *Chlorures.*)

CHLOROSELS. (Voy. *Sels chlorurés.*)

CHLORURES ou CHLORIDES, combinaison d'un corps
avec le chlore, dans laquelle le chlore est l'élément le
plus négatif, 79.

CHROME, l'un des 54 corps simples , 79. — Des 41 corps
métalliques, 82.—Nombre proportionnel, 351, 82, l'oxygène étant 100. 180. — Formule, Cr, poids atomique ,
351,82. 251.

passe à l'état solide, peuvent obéir sans gêne à la force de
cohésion, 93. —Elle tend à se détruire dans les solides,
lorsque le calorique et l'affinité chimique agissent simultanément sur eux, 102.—Son effet est modifié par l'inertie locale des molécules d'un corps ; aussi la formation des
cristaux a-t-elle souvent lieu lors qu'on agite les particules
du liquide, 119.—Si la force de cohésion des molécules
ne surpasse pas l'affinité pour les corps avec lesquels un
liquide est en contact, il ne peut pas cristalliser, 129.—
Lorsqu'un corps solide se sépare particllement d'un liquide, l'affinité de ce dernier n'est pas assez forte pour
vaincre la force de cohésion de toute la quantité du
corps solide, 130. — S'il se sépare entièrement du
liquide la force de cohésion des molécules du corps
solidilié, est bien plus énergique que son affinité
pour le liquide, 131. — L'état de cohésion des corps
détermine la faculté de se combiner avec d'autres, 135.
—Deux corps ne peuvent se combiner entre eux, que
si la force de cohésion de l'un ou de l'autre est moindre que leur affinité chimique, 136.— Pour faciliter la
combinaison entre deux corps, on anéantit la cohésion de
l'un ou de l'autre, ou des deux, par la *fusion* ou par
la *dissolution*, 137.

COLUMBIUM. (Voy. *Tantale*.)

COMBINAISON. — Production par l'effet de l'affinité
chimique entre deux corps, d'un 3ᵉ dans les molécules
duquel est renfermée une certaine quantité de chacun
des deux premiers, 41. — Ses principes, voyez *Parties
constituantes*. — Des corps aériformes avec les liquides
ou les solides, voyez *Combustion*. — Ordinairement les
corps aériformes se combinent seulement par l'intermède
de forces ou de matières qui réduisent ou anéantissent
leur élasticité, 48.—Ses éléments s'appellent parties hétérogènes, binaires de 2 corps simples; ternaire 3 éléments;
quaternaire 4 éléments, 80.—Du premier ordre, toutes
les combinaisons binaires en font partie, une binaire
unie à une autre binaire est appelée binaire du deu-

xième ordre, du troisième ordre si une du deuxième ordre est réunie à une autre du même ordre. On appelle molécules intégrantes les principes des combinaisons du deuxième et du troisième ordre, 81.—On donne à la combinaison d'un corps avec l'oxygène le nom d'*oxyde* ou d'*acide*, — *acide* s'il est susceptible de former des sels avec les bases, — *oxyde* dans le cas contraire. On dit *protoxyde*, *bi-oxyde*, *tritoxyde*, *peroxyde*, pour exprimer le 1er, le 2e, le 3e, le dernier degré d'oxydation d'un corps, mais quand deux corps autres que l'oxygène s'unissent, on donne à celui qui est négatif la terminaison *ure* et on le fait suivre du nom du second, *chlorure de soufre, sulfure de plomb*. *Proto-iodure*, *bi-iodure*, exprime la 1re, la 2e combinaison de l'iode avec un corps plus positif, 84.—Lorsqu'on mêle ensemble la solution de deux corps, il arrive souvent qu'il se sépare une nouvelle combinaison solide qui contient les corps de deux solutions primitives, 132. — En changeant la nature du dissolvant d'un solide, ce dernier peut s'obtenir à l'état cristallisé sans refroidissement et sans évaporation, 133. — La faculté que possède un corps de se combiner avec un autre dépend de son état de cohésion et de la température à laquelle on les porte, 135.— Deux corps ne peuvent se combiner entre eux que si la force de cohésion des molécules de l'un ou de l'autre est moindre que leur affinité chimique, pour que deux corps se combinent, il faut que leurs molécules soient très mobiles, car sans cela un contact intime ne saurait avoir lieu, 137.—Deux corps solides doués d'une affinité puissante se combinent dans les points où ils se trouvent en contact, si le produit de la combinaison est solide, les particules interposées du nouveau composé entravent les progrès de la combinaison, 138. — Lorsqu'au moment de la combinaison l'un des deux corps devient liquide ou que le produit est liquide, la combinaison est complète, 139.-Très souvent les corps gazeux ne se combinent avec les liquides que si on les met

en contact avant qu'ils aient pris l'état gazeux, 146. —
Deux corps quelle que soit leur affinité ne peuvent se
combiner à une température où l'élasticité, où la distance réciproque de leurs molécules est plus grande que
la sphère de leur attraction, 143. — Si l'on présente à
une combinaison de 2 corps un 3e corps, les propriétés chimiques de celui-ci changeront ou ne changeront
pas; dans premier cas, et on appelle cette action une
décomposition de la combinaison, 153. (Voyez *Proportions chimiques*.)—Les quantités de A et de B formant
la combinaison AB, sont fixes et invariables, 182. —
Lorsqu'un corps A se combine avec un autre corps B
en plusieurs proportions, la quantité de B dans le second degré de combinaison est le double de celle qui
existe dans le premier, dans le troisième degré le triple,
dans le quatrième le quadruple, etc. 183.—Les quantités pondérables dans lesquelles les corps se combinent sont proportionnelles entre elles, 184. (Voyez
Équivalents.)—Lorsqu'un ou plusieurs équivalents d'un
corps A se combinent vec un autre B en plusieurs proportions, les quantités de B sont des multiples en nombre entier de l'équivalent B, 196. — La combinaison
d'un corps composé avec un autre corps a lieu dans des
proportions pondérables exprimées par les équivalents
de ces corps, 198. — Les principes des proportions
chimiques fournissent les moyens de déterminer quelques unes des classes les plus importantes des combinaisons chimiques, 199. — (Voyez *Combinaisons correspondantes, Compositions proportionnelles*.) — Lorsqu'une combinaison AB est décomposée par un corps C,
ou lorsque deux combinaisons AB et CD se décomposent réciproquement, la décomposition a lieu exactement dans les proportions pondérables représentées par
les équivalents de ces corps, 209.—Les combinaisons employées étant d'une composition proportionnelle, les
nouveaux produits le seront aussi, lorsque deux combinaisons dont la composition n'est pas proportionnelle

se décomposent réciproquement, 210, 211, 212, 213, 214 — Dans toutes les circonstances les nouveaux produits de la décomposition d'un ou de plusieurs corps se trouvent dans un rapport défini et exprimable en équivalents des corps dont ils se sont formés, 215. (Voyez *Atomes*.)—Lorsqu'un corps composé se combine avec un autre corps composé et que ces corps renferment un élément commun, le nombre des équivalents de cet élément dans l'une des combinaisons, se trouve dans un certain rapport exprimable en nombres entiers avec le nombre des équivalents du même élément dans l'autre combinaison, 230. — Combinaison des *gaz*, 232 à 238. — Le rapport de la forme extérieure avec la composition chimique des corps, peut être considéré comme le seul guide le plus sûr pour nous instruire sur la constitution chimique des combinaisons, 249. — Les chimistes se servent des nombres proportionnels, 251. (Voyez *chacun des 54 corps indiqués*, 79.)—Pour exprimer la composition de toutes les combinaisons des corps, 252, on représente chaque corps simple par un *symbole* ou l'initiale de son nom latin, 255. — Les combinaisons de corps ayant la même composition en cent et doués de propriétés entièrement différentes, se nomment *isomériques*, 262.—Les combinaisons ayant la même composition en cent, mais un poids atomique différent, sont appelées par M. Berzélius, corps *polymériques*, 263.—Il nomme corps *métamériques* deux combinaisons isomériques ayant un poids atomique égal, mais une formule rationnelle différente, 264.

COMBINAISONS CORRESPONDANTES. — Quand un corps A se combine avec B et C, si le nombre des équivalents de B et de C qui se combinent avec 1 ou 2 équivalents de A sont égaux entre eux, les combinaisons AB, AC reçoivent cette désignation, 207.

COMBUSTION.— Stahl avec sa théorie du phlogistique expliquait ainsi la combustion, « tous les corps, disait-il, qui renferment du phlogistique sont combustibles, et toutes les fois que l'un de ces derniers est en combustion c'est qu'il se dégage du phlogistique, il s'en dégage d'autant plus qu'il est plus inflammable. » Après que Lavoisier eut renversé la théorie de Stahl , on admit que la combustion résultait de la combinaison de l'oxygène avec un corps simple. Cette manière de voir, la seule véritable , a été légèrement modifiée. Pour les chimistes, l'oxygène n'est pas le seul corps susceptible de faire éprouver à un autre le phénomène de la combustion ; cette propriété appartient également à nombre d'autres corps électro-négatifs la combustion de l'antimoine dans le chlore nous en offre un exemple frappant, 47.

COMPOSÉ (Corps). — Résulte de la réunion intime de 2, 3 ou plusieurs corps simples , 80.

COMPOSITION DES CORPS. — On se sert des nombres atomiques pour exprimer d'une manière concise, facile et intelligible la composition des corps ; c'est avec la plus grande facilité qu'on se rappelle les rapports simples dans lesquels les corps se combinent en poids atomiques. (Voyez *chacun des 54 corps indiqués*, n. 79, ou la *nomenclature*, n. 251), 254.

COMPOSITION PROPORTIONNELLE.—On donne ce nom aux combinaisons AB et CD, si elles contiennent chacune un nombre égal d'équivalents, 208.—Les produits des combinaisons sont d'une composition proportionnelle lorsque ces combinaisons sont elles-mêmes proportionnelles , 210.

CONDENSATION. — Lorsqu'on abaisse la température de certains gaz et des vapeurs, on leur fait prendre la forme liquide, on dit alors qu'on leur fait éprouver la condensation. On dit encore quand en combinant 2 volumes d'un corps A avec 2 volumes d'un corps B il n'en résulte que 2 volumes d'un corps de AB, dans ce cas la condensation est de moitié.

CORPS.—Ce que c'est, 2. — Se présente sous trois états différents, 4.—Ses propriétés, 8.—Sa puissance, 13.—

Attraction, 17.—Attraction de deux corps à la surface
de la terre, 18.—*Id.* mutuelle de la terre et d'un corps,
19.—son poids, 20. — Produit de la combinaison de
deux corps par l'effet de l'affinité chimique, 42. —
qui se combine avec un autre, a de l'affinité pour lui,
43.— chaud, froid, 61. (Voyez *liquide,—solide,—aériforme.-élastique,-ductile,-cassant,-tenace,-affinité,-
propriétés chimiques,-chaleur,-vapeurs, — gaz*, etc.) —
solide, chauffé jusqu'au *point de fusion* devient liquide,
72.—Passe à l'état aériforme si on le chauffe davantage,
73.-Revient à son état primitif si on lui retire son *calorique*,74.-Les corps sont appelés vapeurs lorsqu'ils revien-
nent à l'état primitif à la température ordinaire, 75. —
Gaz s'ils conservent leur état à la température ordinaire, 76.—Pour les chauffer à la même température,
on a besoin de quantités de calorique inégales, c'est
ce que l'on nomme capacité pour le calorique , 77.
—On compte 54 corps qui ne peuvent être décomposés;
on les appelle corps simples , 79. — *Composés* , combinaison de plusieurs corps simples, 80.—Si on compare leurs éléments sous le rapport de leurs propriétés
extérieures, on en peut établir deux grands groupes
l'un renfermant 41 *métaux*, l'autre comprenant 13
métalloïdes ou corps non métalliques 82. — La combinaison d'un corps avec l'oxygène s'appelle *oxyde*,
celle avec le soufre *sulfure* ou *sulfide*, avec le chlore,
chlorure ou *chloride*, 84.—Prennent en général le nom
d'*acides* lorsqu'ils possèdent la faculté de détruire les
propriétés alcalines d'un *alcali*, ne fut-ce même que d'un
seul, 91.— On appelle *radical* un corps simple, capable
de former avec un autre un *acide* ou une *base*; et *radical composé* la réunion de deux ou trois corps simples
qui possèdent cette même propriété, 92.—Un corps liquide ou gazeux devenant solide passe à l'état de *cristallisation*, 94.— En général les corps, qui, sans éprouver
d'altération dans leurs propriétés chimiques, peuvent
être gazéifiés ou liquéfiés , sont capables de cristalliser,

95.—Les corps cristallisent par la chaleur et par l'affinité chimique, 100.— Quelques corps cristallisent aussi par *refroidissement*, 105.—D'autres par *évaporation*, 106.— Certains cristallisent par la fusion et le refroidissement sans l'aide des liquides, 107.— D'autres par la fusion et la dissolution dans des liquides, 108.—Lorqu'ils cristallisent sous deux formes incompatibles on les nomme *hétéromorphes* ou *dimorphes*, 109. — Certains corps de même composition possèdent la même forme cristalline, 110. — Deux ou plusieurs corps qui, unis à un 3e du même ordre produisent une combinaison de même forme, s'appellent *isomorphes*, 111.— Lorsqu'une cause quelconque empêche les molécules d'un corps cristallisable de se grouper dans l'ordre dans lequel elles forment des cristaux réguliers, il en résulte un corps *amorphe*, 112, 113. — Lorsqu'on chauffe certains corps cristallisés, ils éclatent dans tous les sens, ils *décrépitent*; explication de ce phénomène, 114. (Voyez *Proportions chimiques; Atomes.*)

CORPS SIMPLES. — On désigne ainsi les corps qui ne peuvent être décomposés par aucun agent et d'où l'on ne peut séparer aucune autre substance: jusqu'à présent, on connaît 54 corps doués de ces propriétés, 80. — On les divise en deux groupes de 41 métaux et 13 métalloïdes, eu égard à leur constitution extérieure; mais si on les classe d'après leurs propriétés chimiques, on observe une transition très-peu sensible d'un groupe à l'autre, 82.

CRISTAL. (Voy. *Cristallisation.*) — En général, quand on diminue n'importe par quel moyen la cohésion d'un corps solide au point de le rendre liquide ou gazeux, puis, qu'on fait disparaître la cause qu'on a fait intervenir, le corps revenant à son premier état, les molécules se disposent de telle manière qu'il donne naissance à un solide régulier, qu'on appelle *cristal*, 95. — Quand on réduit en poudre un gros cristal, la plus petite parcelle de poudre possède la forme primitive du cristal,

97.—La plupart des cristaux se laissent diviser suivant certaines directions appelées plans de *clivage*, 98. — Lorsqu'on chauffe certains corps cristallisés, ils *décrépitent*, 114. — Lorsque dans un liquide cristallisable on place un cristal du même corps qui s'en sépare, les couches commencent à se former sur ce cristal, et ses faces deviennent plus grandes, c'est une méthode indiquée par M. Leblanc pour obtenir de gros cristaux, 116.—La formation des cristaux exige souvent qu'on agite les particules du liquide, 119. — Il y en a qui en se séparant du liquide s'unissent à une certaine quantité de ce dernier, ceux qui contiennent de l'eau s'appellent *hydrates*; ceux qui renferment de l'alcool de cristallisation, *alcoolates*, 121.

CRISTALLISATION. — Passage d'un corps liquide ou gazeux à l'état solide, 94.—En général tous les corps qui, sans éprouver d'altération dans leurs propriétés chimiques, peuvent être gazéifiés ou liquéfiés, sont capables de cristalliser, 95.—Les formes régulières que les corps affectent en cristallisant, se laissent déduire d'un très-petit nombre de figures géométriques, que l'on nomme *formes primitives*; leur étude est l'objet de la cristallographie, 96.—Plus le passage d'un corps liquide à l'état solide est lent et tranquille, plus les cristaux sont grands et réguliers; si la cristallisation est précipitée, les cristaux sont petits, et souvent imperceptibles à l'œil nu, 99. — Une solution chaude et saturée d'un corps dont la solubilité augmente par la chaleur, laisse précipiter l'excès du corps que la liqueur froide ne peut retenir, cela s'appelle *cristallisation par refroidissement*, 105. — On nomme *cristallisation lente* ou par *évaporation*, celle qui s'obtient par la séparation du dissolvant, quand le corps solide se dissout en même quantité dans les liquides à différentes températures, 106. — Certains corps peuvent s'obtenir cristallisés par la fusion et le refroidissement, sans l'aide des liquides, 107. — Il y a des corps qui peuvent cristalliser tant par la fusion que par la dissolution dans les liquides; quelquefois par les deux voies on les obtient sous la même forme cristalline; mais aussi il est des cas où les corps prennent des formes différentes, qui ne se laissent pas déduire géométriquement les unes des autres, 108. — Ces corps cristallisant sous deux formes incompatibles, sont nommés corps *hétéromorphes* ou *dimorphes*, 109.—Certains corps de même composition possèdent la même forme cristalline; dans ce cas, la même forme dépend le plus souvent du mode de composition, et de l'analogie dans les propriétés chimiques des parties constituantes, 110. — L'emploi de la cristallisation sert à séparer et à purifier les corps, 118. — Quelques corps contenant de l'eau de cristallisation, la perdent, tout ou en partie, par l'évaporation, ils se *désagrègent* ou *s'effleurissent*, 122.—Plusieurs corps renfermant de l'eau de cristalisation, chauffés jusqu'à une certaine température, acquièrent subitement une nouvelle forme cristalline, 123.—On observe un changement de forme analogue, dû à la même cause dans certains sels qu'on fait cristalliser à une température élevée et par le refroidissement : les cristaux du même corps qui se sont formés dans le liquide chaud renferment moins d'eau de cristallisation que ceux qui se sont déposés par le refroidement, 124.—Quand un corps dissous dans un liquide, s'en sépare précipitamment, sous forme solide dans tous les points, les parties de la liqueur environnante empêchent que le corps séparé ne se prenne en grands cristaux. Ce genre de cristallisation se nomme *précipitation*, 127. (V. *Atomes. Isomorphes.*)

gène étant, 100. 189. — Formule C u, poids atomique, 395,70. 251.

CYANOGENE, fluide élastique permanent, sa densité est 1,8064 l'oxygène étant 1. Ce gaz nous peut fournir un exemple de corps composés jouant le role d'éléments. Il se comporte en effet dans toutes ses combinaisons comme le chlore, le brome et l'iode et forme comme eux des sels haloïdes.

D.

DÉCOMPOSITION.—Si l'on présente à une combinaison AB un 3e corps C, les propriétés chimiques de celle-ci changeront ou ne changeront pas; dans le premier cas, on nomme cette action une décomposition de la combinaison AB, 153. — On distingue *a*, décomposition totale, et *b*, décomposition partielle, 154. —*a*,Elle est totale, si par l'affinité du corps C, pour l'une des parties constituantes AB, il se forme une nouvelle combinaison [BC, de telle façon que tout le B se combine avec le C, et que la partie constituante A reste entièrement séparée, 155.—La décomposition totale d'une combinaison, comme conséquence simple de l'affinité d'un 3e corps, ne se présente que fort rarement, 156.— Si elle s'opère dans un liquide, on l'appelle décomposition par voie humide; on a une décomposition par voie sèche, si les matières réagissantes sont soumises à une température élevée, 157.—La décomposition totale dépend ordinairement de la masse et de l'état de cohésion des corps en action, de la température et de la nature du véhicule, dans lequel la décomposition s'effectue. *b* Le plus souvent la décomposition est partielle et ne devient totale que sous des conditions particulières, 158.—Lois de la décomposition partielle d'une combinaison, 159, 160 à 170, 176 à 179.—La nature du véhicule dans lequel la décomposition s'opère, est d'une influence très-marquée sur le succès de la décomposition, 171. — Suivant que la décomposition s'opère par voie sèche ou par voie humide, le résultat est différent; il varie suivant que l'on fait prédominer l'état de cohésion ou l'élasticité de l'un ou de l'autre des corps réagissants, 172. — Si l'on change aussi dans ce cas la nature du liquide, le succès de la décomposition sera modifié, 173. — Lorsqu'on met en contact deux combinaisons dont les parties constituantes ont une l'affinité réciproque, il s'ensuit une décomposition, 174.—Elle est partielle, si l'état et la solubilité sont les mêmes, et l'affinité différente, 175. — L'*affinité prédisposante* modifie le résultat de la décomposition, 179.—Si une combinaison de 3 ou de plusieurs éléments est exposée à une température élevée, ses parties constituantes se combineront dans des proportions nouvelles, de manière à former des produits nouveaux indécomposables à la température de leur formation, 180.—Si on soumet à une haute température une combinaison de 3 ou de plusieurs éléments, en présence d'une autre combinaison capable de former avec deux éléments de la première, en certaines proportions, une combinaison qui résiste mieux au feu, les autres parties constituantes de la première combinaison s'uniront en un ou plusieurs corps volatils, 181.—Lorsqu'une combinaison est décomposée par un corps, ou lorsque deux combinaisons se décomposent réciproquement, la décomposition a lieu exactement dans les proportions pondérables représentées par les équivalents de ces corps, 209.—Ce qui arrive lorsque deux combinaisons, dont la composition est proportionnelle se décomposent réciproquement, 211, 212,213,214.—Dans toutes les circonstances, les nouveaux produits se trouvent dans un rapport défini et exprimable, en *équivalents* des corps dont ils sont formés, 215. —Les décompositions des combinaisons chimiques n'ont lieu ordinairement que par l'action d'autres corps, de façon que le corps réagissant produit une nouvelle composition, en s'unissant à l'une des parties consti-tuantes du corps en décomposition, 267.—Quelquefois un corps produit la décomposition d'une combinaison sans s'unir à aucun des corps qui la constituent. On donne à la force qui produit cette décomposition le nom de *Force catalytique.*

DÉCRÉPITENT (corps qui). —Phénomène particulier à certains corps cristallisés lorsqu'on les chauffe ; les cris-taux éclatent avec un certain effort dans tous les sens, et se réduisent en une poudre plus ou moins fine, ce phénomène n'a lieu que lorsque le corps contient de l'eau d'interposition, 114.

DÉFINITIONS, 1 à 77. (Voir les *Observations générales,* n° 77.)

DEGRÉS.—Divisions du thermomètre, baromètre, alcoo-mètre, aréomètre, sont ordinairement représentés par °. 67.

DENSITÉ. —État des corps, 7.—Poids spécifique, 21. — La connaissance de la densité des corps gazeux est un moyen très-important, pour contrôler rigoureusement la composition des combinaisons telle qu'on l'a obtenue par d'autres procédés. Les nombres indiqués aux art. 237 et 242 expriment les poids inégaux de volumes égaux de ces corps à l'état gazeux. Il faut s'habituer à regarder comme synonymes les nombres exprimant ces poids avec un volume , et réciproquement un volume avec la densité. L'emploi qu'on en fait est déduit de principes 1, 2, 3, 4, n° 238. Il faut observer qu'on entend par un volume de chlore une quantité de chlore qui pèse 2,44033, et par deux volumes, 2 fois 2,44033. 238.—La densité des gaz en exprime le poids relatif à volumes égaux, il s'ensuit que la proposition (240) étant admise comme juste, les véritables poids atomiques doivent être pro·portionnels à la densité de ces corps à l'état gazeux, 241. —La première colonne se rapporte au poids d'un même volume d'air atmosphérique pris pour unité ; en divisant tous ces nombres par 1,1026, c'est-à-dire, par le poids d'un volume d'oxygène, on obtient le poids des volumes égaux de ces corps, 2ᵉ colonne, l'oxygène étant pris pour unité, 242.

DÉSAGRÉGATION.— Quelques corps contenant de l'eau de cristallisation, la laissent échapper à la température ordinaire, par l'évaporation en tout ou en partie ; en même temps ils perdent leur forme régulière, deviennent opaques, ou se réduisent en poudre fine, 122.

DEUTOXIDE, DEUTO-SULFURE, CHLORURE, etc., etc., 2ᵉ degré de combinaison des corps, 84.

DILATATION DES CORPS.—Augmentation de leur volume quand on les chauffe. Les corps liquides, solides et aériformes se dilatent inégalement, lorsqu'ils se trouvent exposés à des températures égales, 62.—Par la dilatation du mercure, le thermomètre indique si un corps lui communique du calorique 69.— La dilatation des corps par la chaleur, prouve que leurs molécules s'écartent les unes des autres, 71.

DIMORPHES. (Voy. *Hétéromorphes.*)

DISSOLUTION.—Produit liquide de la combinaison d'un corps solide avec un corps liquide, 45. — N'a pas lieu, lorsque deux corps n'ont pas d'affinité réciproque, 46. —Quand un liquide qui tient un corps solide en dissolution, devient solide lui-même, son affinité pour les matières dissoutes cesse, et ces dernières s'en séparent, 128.—La dissolution sert à anéantir la force de cohésion des corps, pour aider à produire des combinaisons, 137. —Quand un solide dissous dans un liquide a beaucoup d'affinité pour lui, il en retarde d'autant le point d'ébullition.

E.

ECHELLE THERMOMÉTRIQUE. — Division de l'intervalle compris entre les deux points fixes d'un *thermomètre;* d'après Celsius, en 100 parties.—Réaumur en 80 parties, 67.

EFFLEURISSENT les corps (S'), voyez *Désagrègent* (se).

ÉLASTICITÉ.—Tendance des particules d'un corps aériforme à s'écarter les unes des autres, 30. — Décroît à mesure que leurs molécules s'éloignent, 31.—En chimie, on désigne souvent pour élasticité la tendance d'un corps à reprendre son état primitif, 34.—Est réduite ou anéantie par des forces et des matières étrangères, qui produisent ordinairement la combinaison des corps aériformes, 48.—Est moindre que les affinités réciproques de deux corps, quand se combinant avec un corps aériforme il se produit un corps solide ou liquide.

ÉLASTIQUE.—État d'un corps, 27.—Voyez *Elasticité.*

ÉLECTRICITÉ. — Force d'attraction ou de répulsion, attribuée à la séparation et à la recomposition de deux fluides impondérables que tous les corps contiennent et que l'on nomme fluide positif et fluide négatif, 13.

ÉLÉMENTS D'ARISTOTE.—Sont les représentants de ce qu'on appelle État : le feu représente la lumière et le calorique : l'air, les corps gazeux.—La terre, les corps solides. — L'eau, les liquides. Les alchimistes y ont ajouté trois éléments : le sel, qui désigne la propriété d'un corps de former un acide; le soufre, cause de la combustibilité, le mercure, cause de la métallité des corps, 79.

ÉLÉMENTS CHIMIQUES. Les éléments et les corps simples représentent la même idée. Voy. *Corps simples.*

ÉQUIVALENTS.(Voyez *Proportions chimiques.*)—Nombres proportionnels des corps entre eux qui déterminent la valeur de chacun, et au moyen desquels on peut substituer l'un à l'autre, 190.—Quantité pondérable nécessaire pour former une combinaison avec un autre corps quelconque de même valeur, 191. — On trouve ainsi l'équivalent d'un corps simple en calculant d'après la composition connue de sa combinaison avec l'oxigène, la quantité de ce corps qu'il faut pour former une combinaison avec 100 , ou un équivalent d'oxigène ou bien avec tel autre nombre proportionnel représentant l'unité des 53 autres corps , 192.—Lorsqu'un corps se combine avec l'oxigène en plusieurs proportions, on est dans l'incertitude à l'égard de son équivalent, 193. — On est convenu d'admettre comme équivalent la quantité d'un corps qui se combine avec 100 parties d'oxigène , 194. —Lorsqu'un ou plusieurs équivalents d'un corps simple A , se combine avec un autre B en plusieurs proportions, les quantités de B sont des multiples en nombres entiers de l'équivalent B , 196. — D'un corps composé est la somme des équivalents de ses principes constituants, 197.—Les équivalents des corps expriment les proportions pondérables d'un corps composé avec un autre , 198. — D'une base est le poids nécessaire pour former un sel neutre avec l'équivalent d'un acide quelconque , 204. — L'équivalent d'un corps composé étant la somme des équivalents de ses éléments , et cet équivalent étant connu , il est aisé de trouver le nombre des équivalents de chacun de ses principes constituants , au moyen de la composition connue de ce corps , 205. — Si l'équivalent de la combinaison est inconnu , le nombre des équivalents des principes constituants ne peut pas être déterminé avec certitude , mais on en peut trouver le rapport relatif en divisant les quantités des principes constituants trouvées, par l'analyse d'un poids connu de la combinaison par les équivalents des principes constituants, 206.--Si un corps A se combine avec B et C, et que le nombre des équivalents de B et de C , qui se combinent avec 1 ou 2 équivalents de A sont égaux entre eux, on appelle les combinaisons AB et A C des combinaisons correspondantes , 207.—Les équivalents expriment les poids relatifs des atomes, si la combinaison de laquelle ils sont dérivés est supposée contenir un atome de chaque corps. Cette supposition est exacte dans un grand nombre de combinaisons, mais non pour toutes, 227.—Si on admet *atome* et *équivalent* comme synonymes, il résulte des lois de la théorie atomique une manière déterminée d'envisager la composition de beaucoup de corps, 228.— Une combinaison de 1 équivalent A avec 1/2 équivalent B, est impossible, les atomes étant indivisibles, 229.—Lorsqu'un corps composé se combine avec un autre corps composé et qu'ils renferment un élément commun, le nombre des équivalents de cet élément dans l'une des combinaisons, se trouve dans un certain rapport exprimable en nombres entiers avec le nombre des équivalents du même élément dans l'autre combinaison, 230. —En vérifiant les équivalents indiqués n° 189, en vertu des règles auxquelles nous conduit l'isomorphisme, les poids atomiques des corps se modifient (voyez chacun des 54 corps, n° 79), 251.— Les chimistes se servent des nombres équivalents (251) pour exprimer la composition de toutes les combinaisons chimiques, 252.— Dans le tableau indiqué, n° 251, le nom de chaque élément se trouve accompagné de l'initiale de son nom latin ; on se sert de ces initiales pour abréger les noms et comme symboles pour les poids atomiques, 255.

ÉTAIN, l'un des 54 corps simples, 79.—Des 41 corps métalliques, 82.—Nombre proportionnel, 735,29, l'oxigène étant 100. 189. —Formule Sn, poids atomique, 739,29, 251.—La densité $= 8,10735$: l'air atmosphérique étant 1, 237.—Et $= 7,35294$: le gaz oxigène étant 1, 242.

ÉTAT NAISSANT. — Quand au moment de la décomposition d'un corps, ses éléments deviennent libres, on dit qu'à cet instant même ils sont à *l'état naissant* 140.

ÉTENDUE D'UN CORPS, l'une des propriétés fondamentales de la matière, 5.

ÉVAPORATION (Cristallisation lente ou par). (Voyez *Cristallisation.*)

EXPÉRIENCE.—Recherche, examen d'un corps, son étude.

—On nomme ainsi la réunion de certaines conditions,
par lesquelles on parvient à séparer d'un grand nombre de substances d'autres corps doués de propriétés
entièrement différentes, 78.

F.

FER, l'un des 54 corps simples, 79.—Des 41 corps métalliques, 82. —Nombre proportionnel, 339,21, l'oxigène
étant 100. 189.—Formule Fe, poids atomique, 339,21.
251

FEU, l'un des 4 éléments d'Aristote. C'est le résultat de
la combinaison de l'oxygène avec les corps dits combustibles, 79. (Voy. *Combustion.*)

FLUOR, l'un des 54 corps simples, 79. — Des 13 corps
non métalliques ou métalloïdes, 82. — Nombre proportionnel, 116,90, l'oxigène étant 100. 189.—Formule F,
poids atomique, 116,90. 251.—Densité=1,288,94 : l'air
atmosphérique étant 1, 237,— et=1,16900 : le gaz oxigène étant 1, 242. — On lui donne le nom d'haloïde,
sa combinaison avec les métaux est appelée sel haloïde,
292. Ce corps n'a pas encore été obtenu, mais on a pour
admettre son existence toutes les probabilités possibles.

FLUOROSELS. (Voyez *Sels fluorurés.*)

FORCE CATALYTIQUE. — Nom donné par M. Berzélius à une certaine classe de réactions, se décom-
posant en de nouvelles combinaisons sans que les corps
réagissant s'unissent avec l'un des nouveaux produits, ou qu'il abandonne aucune de ses parties consti-

tuantes. M. Berzélius considère ce genre de décomposition comme étant due à une force particulière; cette
force serait provoquée uniquement par le contact d'un
corps et entraînerait ainsi la décomposition de la combinaison; il la compare à la propriété particulière qu'a
l'organisation humaine, de préparer les principes nécessaires à l'existence des corps tels que le sang, etc., au
moyen des aliments, 268.—Quoiqu'on ne puisse contester que ces faits ne peuvent s'expliquer par les lois
des décompositions ordinaires, ceci néanmoins ne nous
donne pas la moindre raison pour créer une nouvelle
force par un nouveau mot qui n'explique pas davantage
le phénomène. L'admission de cette hypothèse est
préjudiciable au développement de la science, car elle
satisfait en apparence l'esprit et entrave ainsi les recherches ultérieures, 269.

c'est-à-dire devient liquide à l'aide de l'eau qu'il contient, et qui est dite *eau de cristallisation*, 125.

FUSION IGNÉE.—Quand on maintient ainsi fondu à une haute température un sel hydraté, il perd son eau qui se réduit en vapeur, sa température s'élève de plus en plus, et il éprouve une seconde fusion différente de la première qu'on appelle fusion ignée. Si l'on prend un sel anhydre il éprouve la fusion ignée sans passer par la *fusion aqueuse.*

G.

GAZ.—Corps aériformes qui conservent leur état à la température ordinaire, 76.— Lorsque deux corps gazeux se combinent entre eux, un volume de l'un s'unit avec un, deux ou trois volumes de l'autre, 232.—Le volume de la combinaison produite se trouve dans un rapport simple avec le volume des parties constituantes, 233.— Lorsqu'il se combine avec un autre en plusieurs proportions, les volumes des gaz produits se trouvent entre eux dans le même rapport simple que les poids atomiques, 234. —Le volume du gaz produit par la réunion de deux gaz est dans toutes les circonstances, ou égal au volume des parties constituantes, ou moindre que ce volume, 235. — Ainsi, un volume d'une combinaison renferme ou bien un volume de chacune de ses parties constituantes, ou un multiple, ou un sous-multiple de volume d'une ou de plusieurs parties constituantes, 236.—Il est évident que les principes des combinaisons des gaz peuvent être déduits du volume dans lequel les combinaisons ont lieu avec la même exactitude qu'au moyen de la balance. La connaissance du poids spécifique (de la *densité*) procure un moyen très-important, de contrôler la composition des combinaisons, telle qu'on l'a obtenue par d'autres procédés, 237.

GAZEUX (Un corps), passant à l'état solide, les molécules de ce corps peuvent obéir sans gène à la force de cohésion, car elles sont très-mobiles, 93. — Etat de la *cristallisation*, 94.

GLUCYNIUM ou BERYLLIUM, l'un des 54 corps simples, 79.—Des 41 corps métalliques, 82.—Nombre proportionnel, 331,26, l'oxygène étant 100. 189. — Formule G, poids atomique, 331, 26. 251.

H.

HALHYDRATES. — Certaine classe de sels, dans lesquels l'eau d'hydrate de l'acide entre dans la composition du sel, 283.—Les halhydrates ne se combinent pas entre eux, et ne forment pas de sels doubles, 284. — Seulement avec les sels dans lesquels l'acide a perdu son eau d'hydrate, 285.—*Sels doubles*, 286.—(Voy. les *Observations*, n° 286.

HALOÏDES.—Nom donné au chlore, au brome, à l'iode et au fluor, leurs combinaisons ordinaires se nomment sels haloïdes, 292.

HÉTÉROMORPHES.—Nom des corps cristallisant sous deux formes incompatibles, 109.

I.

Il n'est que peu de cas qui permettent de déterminer approximativement l'intimité d'un corps avec d'autres corps, au moyen des différents degrés de température, qui sont nécessaires pour détruire quelques unes des combinaisons, 147. — L'intimité de la combinaison dépend non seulement de l'intensité de l'affinité, mais aussi de la masse de l'un ou de l'autre corps en action, 148.

IODE, l'un des 54 corps simples, 79.—Des 13 corps non métalliques ou métalloïdes, 81.—Nombre proportionnel, 1579,50, l'oxygène étant 100. 189. — Formule I, poids atomique 789,75. 251.—Densité $= 8{,}70111$: l'air atmosphérique étant 1, 237. — Et $= 7{,}89145$: le gaz oxygène étant 1, 242.—On l'appelle haloïde : sa combinaison avec les métaux est nommée sel haloïde, 292.

IRIDIUM, l'un des 54 corps simples, 79. — Des 41 corps métalliques, 82.— Nombre proportionnel, 1233,50. — L'oxygène étant, 100. 189.—Formule Ir, poids atomique, 1233,50. 251.

ISOMERIQUES (Corps). — Ayant la même composition en centièmes, et doués de propriétés entièrement différentes, 261, 262. — M. Berzélius, dans le classement des diverses combinaisons des corps a fait entrer parmi ceux-ci deux combinaisons d'un poids atomique égal, et de la même composition, mais dont la constitution, c'est-à-dire la manière dont les atomes sont groupés, est inconnue : cette distinction n'est sans doute pas définitive, 265. — On compte encore dans cette classe plusieurs corps dont les propriétés chimiques sont différentes, ce qui est dû à des causes passagères : c'est à tort ; car, on ne doit chercher dans les corps isomériques d'autre différence que dans l'arrangement moléculaire des éléments, 266.

ISOMORPHES. (Voy. *Corps.*)—Deux ou plusieurs corps qui, unis à un troisième du même ordre, produisent une combinaison de même forme, reçoivent cette désignation, 111. — Des substances isomorphes, cristallisant dans un même liquide, donnent des cristaux mixtes, 118.—Dans beaucoup de combinaisons chimiques, leur principe constituant, peut se remplacer en tout ou en partie dans les mêmes proportions, sans que ces combinaisons éprouvent d'altération, sous le rapport de la forme extérieure et de l'eau de cristallisation, si elles en contiennent, 245.—Les parties constituantes des combinaisons ne sont pas toutes isomorphes, lorsque les combinaisons présentent la même forme, et quoi qu'elles soient composées d'une même manière, 246.—On compte 10 groupes importants de substances isomorphes observées jusqu'à ce jour, 247. — La découverte importante des rapports isomorphes des corps cristallisés, ainsi que la détermination des causes qui les provoquent est due à M. Gay-Lussac. Ces lois ont reçu une grande expansion par les travaux de M. Mitscherlich. Les anomalies contre les lois de l'isomorphisme peuvent être attribuées à ce que beaucoup de corps composés cristallisent sous deux formes incompatibles, 253.

ISOMORPHISME. —Etat des corps *isomorphes*, en vérifiant les équivalents ou nombres proportionnels indiqués nº 189, en vertu des règles auxquelles nous conduit l'isomorphisme, les poids atomiques des corps simples se modifient, ainsi qu'il est indiqué (Voy. *chacun des 54 corps, nº 79*), 251.

L.

LIQUÉFIER (se). (Voy. *Liquides*.) —Etat d'un corps solide, dont l'échauffement est porté jusqu'au point de fusion, 72.— Un corps peut encore se liquéfier par une cause toute différente, ainsi par la compression ou le refroidissement on liquifie certains gaz.

LIQUIDES. (Voy. *Corps*).—Leur force de cohésion est presque nulle, 28.—De l'état aériforme, certains corps deviennent liquides, lorsqu'ils sont comprimés jusqu'à un certain degré, 32.—Leur combinaison avec des corps aériformes produit souvent la *combustion*, 47.—En devenant aériforme, son affinité pour le corps aériforme est plus grande que sa force de cohésion, 50.—Produit de la combinaison d'un corps aériforme avec un autre corps, 51.—Leur dilatation est plus considérable que celle des solides, et moins considérable que celle des corps *aériformes*, à température égale, 62.—Les corps solides devenus liquides par suite d'un très-grand *échauffement*, deviennent aériformes, s'ils sont encore chauffés davantage, 73. — S'ils passent à l'état solide, leurs molécules sont très-mobiles et peuvent obéir sans gêne à la force de cohésion, 93. — Dans ce cas, on remarque que les molécules des corps ne s'attirent que dans certaines directions déterminées; cet état se nomme *cristallisation*, 94.—Ce qui arrive, si la cristallisation est lente ou précipitée, 99.　Ne dissolvent pas tous les corps sans les altérer, 104.—Quand un liquide est saturé d'un corps à chaud, par exemple d'un sel, il ne perd pas par là sa faculté de dissoudre d'autres corps pour lesquels il a de l'affinité, 115.—Lorsque saturé de deux ou de plusieurs sels, il a déposé des cristaux par le refroidissement, chaque cristal en particulier contient ou bien des quantités indéfinies de tous les corps dissous, ou bien les cristaux se rangent l'un à côté de l'autre, sans que l'un contienne des quantités notables de l'autre, 117.—Les liquides dans lesquels se sont déposés les cristaux se nomment *eaux mères*, 120. — Certaine portion du liquide s'unit quelquefois au cristal : on le nomme alors *eau de cristallisation* ou d'*interposition* si c'est de l'eau, l'alcool peut jouer le même rôle comme l'a vu M. Graham, 121.—Lorsqu'un corps dissous par un liquide s'en

sépare précipitamment sous forme solide, il se réduit
en poudre fine : ce genre de cristallisation se nomme
précipitation, et le corps séparé *précipité*, 127. — Quand
un liquide, qui tient un corps solide en dissolution,
devient solide lui-même, son affinité pour les matières
dissoutes cesse, et ces dernières s'en séparent, il arrive
quelquefois que le corps qu'il contient en retarde le
point de solidification, 128.—S'il contient en dissolution
des substances étrangères, il ne peut cristalliser que si
la force de cohésion de ses molécules surpasse son affinité pour les corps avec lesquels il se trouve en contact, 129. :

LITHIUM, l'un des 54 corps simples, 79. — Des 41 corps
métalliques, 82.—Nombre proportionnel, 80,33, l'oxygène étant 100. 189. — Formule L. — Poids atomique
80,33. 251.

LUMIERE, l'un des fluides impondérables; pour nous, il
émane du soleil et se compose de 7 rayons diversement
colorés qui portent le nom de *spectre solaire*. — Exerce
une action sur diverses combinaisons, 13.

M.

MAGNÉSIUM, l'un des 54 corps simples, 79. — Des 41
corps métalliques, 82.—Nombre proportionnel 158,35,
l'oxygène étant 100. 189.—Formule Mg, poids atomique 158,35. 251.

MAGNÉTISME.—Force d'attraction, ou de répulsion
attribuée comme l'électrécité à la séparation ou à la re-

composition de deux fluides impondérables qui sont supposés exister dans les corps susceptibles d'éprouver ces phénomènes, l'un se nomme fluide boréal, l'autre fluide austral. Quand ces deux qui sont à l'état de repos ou de neutralité dans un corps, sont séparés, on dit que ce corps est aimanté, 13.

MANGANÈSE, l'un des 54 corps simples, 79. — Des 41 corps métalliques, 82.—Nombre proportionnel 345,89, l'oxygène étant 1co. 189.— Formule Mn, poids atomique 345,89. 251.

MASSE.—Quantité de matière, 6. — A quelle attraction elle obéit, 17.

MATIÈRE.—Ce que c'est, 3.—Impondérable, etc., 13.

MERCURE, l'un des 54 corps simples, 79. — Avec la même quantité de chaleur qu'une livre d'eau exige pour être portée à 60 degrés, on peut chauffer 33 livres de mercure à la même température, 77.—Sert à la mesure de la chaleur.(Voyez *Thermomètre*.) L'un des éléments d'Aristote selon les alchimistes, 79. — L'un des 41 corps métalliques, 82. — Nombre proportionnel 2531,65, l'oxygène étant 100. 189. — Formule Hg, poids atomique 1265,82. 251.—Densité $= 6,97848$: l'air atmosphérique étant 1, 237; et $= 6,32911$: le gaz oxygène étant 1, 242.

MÉTALLOÏDES.—Corps non métalliques; on en compte 13 sur les 54 corps simples reconnus, 82. — *Se* combinent entre eux, ainsi qu'avec les métaux, on a inventé des noms pour désigner certains groupes, il est indispensable de connaître ces dénominations, (voyez *Oxyde, Sulfure, Chlorure*, 84.

MÉTAMÉRIQUES (Corps); nom donné par M. Berzélius à deux combinaisons isomériques ayant un poids atomique égal, mais une formule rationnelle différente, 264. — A mesure que les progrès de la science nous éclaireront sur plusieurs autres corps, ils devront entrer dans la classe des corps métamériques, bien que

M. Berzélius ne les ait encore désignés que comme corps *isomériques*, 265.

MÉTAUX, l'une des grandes divisions des corps simples, on en compte 41 sur 54 corps; sont caractérisés par l'éclat métallique, mais cet éclat n'est ni rigoureux, ni défini; certains corps appartiennent par leurs propriétés chimiques aux métalloïdes, et par leur constitution extérieure aux métaux, 82.—Se combinent entre eux ,83.—Quelques uns forment des acides avec l'oxygène, 87.

MOLÉCULES, petites parties d'un corps.—Intégrantes, principes des combinaisons du 2ᵉ et du 3ᵉ ordre, 81.— Les molécules indivisibles des corps, suivant la *théorie* atomique, se nomment *atomes*, 222.—Lorsqu'on essaie de se faire une idée de la cause qui fait que deux corps possèdent la même forme, qu'ils produisent des combinaisons correspondantes à celle présentant la même forme, l'on est conduit à attribuer cette cause à la forme des molécules de ces corps, ou à un groupement semblable de ces dernières dans leurs combinaisons, 248.

MOLYBDÈNE, l'un des 54 corps simples, 79. — Des 41 corps métalliques, 82.—Nombre proportionnel 598,52, l'oxygène étant 100. 187.—Formule Mo, poids atomique 598,52. 251.

MOLLESSE DES CORPS. — Limite de l'intensité de la force de cohésion, 27.

MOMENT DE DÉGAGEMENT.(Voyez *Etat naissant*.)

N.

NICKEL, l'un des 54 corps simples, 79.—Des 41 corps métalliques, 82.—Nombre proportionnel 369,68, l'oxygène étant 100. 189. — Formule Ni, poids atomique 369,68. 251.

NOMBRES PROPORTIONNELS DES CORPS. Voyez la *nomenclature*, n. 79, 187 et 251, ou bien *chacun des 54 corps indiqués*, n. 79, et *Equivalents*.

O.

OR, l'un des 54 corps simples, 79.—Des 41 corps métalliques, 82.—Nombre proportionnel 2486,03, l'oxygène étant 100. 189.—Formule Au, poids atomique 1243,01. 251.

OSMIUM, l'un des 54 corps simples, 79. Des 41 corps métalliques, 82. — Nombre proportionnel 1244,49, l'oxygène étant 100. 189. — Formule Os, poids atomique 1244,49. 251.

OXACIDES ou acides oxygénés, 86.—Combinaisons des corps non métalliques avec l'oxygène, dans lesquelles 1 ou 2 équivalents de *radical* se trouvent unis à 2 ou plusieurs équivalents d'oxygène, et qui possèdent la propriété de neutraliser des bases pour former des sels. Les degrés d'oxydation supérieurs de quelques métaux constituent également des acides, 200.

OXYBASES.—Bases oxygénées, combinaison des métaux avec l'oxygène. Les uns s'unissent en plusieurs proportions à l'oxygène, les autres ne forment qu'un seul degré d'oxydation avec lui. On a admis que tous les degrés d'oxydation inférieurs, contiennent 1 équivalent d'oxygène et 1 équivalent de métal (exception pour le cuivre et le mercure), par la combinaison de 1 équivalent d'acide avec 1 équivalent de base, il résulte un sel neutre (Voyez *Sulfosels*), 201.

OXYDE. — Combinaison d'un corps avec l'oxygène, 84. —Les oxydes solubles ont la propriété de rétablir les couleurs végétales rougies par les acides, 87.—L'oxyde basique est celui qui, dans toutes les circonstances joue le rôle de base salifiable, 271.—La composition d'un oxyde métallique peut être trouvée au moyen de celle de sa combinaison neutre avec un ou deux acides, la capacité de saturation des acides étant commune. — Lorsqu'un acide hydrogéné est mis en contact avec un oxyde métallique, tous les deux se décomposent réciproquement. Il se produit de l'eau par la réunion de l'hydrogène de l'hydracide avec l'oxygène de l'oxyde métallique, et le radical de l'hydracide se combine avec le métal de l'oxyde métallique, 290. — On les divisait autrefois en raison de leur solubilité et de la propriété qu'il ont de neutraliser parfaitement les acides, en un certain nombre de groupes dont la connaissance présente quelque utilité, 291. (Voyez *Alcalis*, *Terres alcalines*, *Terres*.)

OXYDES INDIFFÉRENTS. On appelle ainsi quelques oxydes qui ne jouent le rôle ni de bases, ni d'acides, le tritoxyde de potassium, les protoxydes d'or et de vanadium sont dans ce cas.

OXYDES SINGULIERS (les), sont ceux qui ne peuvent s'unir aux acides sans perdre une portion de leur oxygène sans changer de degré d'oxydation, le peroxyde de manganèse nous en offre un exemple.

OXYGENE, l'un des 54 corps simples, 79. — Des 13 corps non métalliques ou métalloïdes, 82. — Unité du poids proportionnel des corps 100. 189. — Formule O, poids atomique 100. 251. — Ses combinaisons avec les corps simples se nomment oxacides, quand elles rougissent les couleurs bleues végétales, et se combinent aux bases pour fournir des sels et oxydes dans le cas contraire, 200, 201.—Gaz dont la densité=1,10260; l'air atmosphérique étant 1, 237.—Il sert aussi d'unité pour la densité des autres gaz, 242. (Voyez *Acides*, *Capacité de saturation*.)

OXYSELS. — Sels oxygénés formés par la réunion d'un oxyde métallique (d'une base) avec un autre oxyde non métallique (d'un acide) ou par celle d'un degré d'oxydation supérieur d'un métal avec d'autres oxydes métalliques basiques, 271.

P.

PALLADIUM, l'un des 54 corps simples, 79.—Des 41 corps non métalliques, 82. — Nombre proportionnel 665,90, l'oxygène étant 100. 189. — Formule Pd, poids atomique 665,90. 251.

PARTIES CONSTITUANTES, ou principes de la combinaison, corps qui constituent une combinaison, 44. —Les principes des combinaisons de 2° et de 3° ordre, se nomment molécules intégrantes, 81.

PEROXYDE, peroxyde-persulfure, etc., etc. — Dernier degré d'oxydation, de sulfuration, 84.

PESANTEUR.—Force d'attraction, 14.—Agit à de grandes distances, 15.—Intensité de cette attraction, 16.

PHOSPHORE, l'un des 54 corps simples, 79. — Des 13 corps non métalliques ou métalloïdes, 82. — Nombre proportionnel 196,14, l'oxigène étant 100. 189. — Formule P, poids atomique 196,14. 251.—Densité=4,3273 : l'air atmosphérique étant 1, 237 ; et = 3,92310 : le gaz oxygène étant 1, 242.

184. — Lorsqu'un poids déterminé du corps A se combine avec 3 B et 4 C, et que l'on combine un autre corps D avec B et C, la quantité de B et C dont s'empare le corps D, est comme 3 : 4. 185.—Lorsque 3 kilogrammes de A se combinent avec 5 kilogrammes de B et 5 kilogrammes de C, ils s'unit exactement 3 kilogrammes de A avec 2 kilogrammes de C, si toutefois ces deux corps peuvent s'unir, 186.—Par conséquent, connaissant la proportion de poids dans laquelle un corps A se combine avec deux autres corps B et C, on connaît également les proportions de poids dans lesquelles B se combine avec C, 187.—Lorsque 10 A se combinent avec 3 B, 6 C, 5 D, 7 E etc., il se combine exactement 3 B avec 6 C en 9 BC, 6 C avec 5 D en 11 CD, 3 B avec 7 E en 10 BE, supposé toutefois que ces corps aient de l'affinité l'un pour l'autre, 188.—Connaissant les proportions pondérables dans lesquelles une quantité déterminée d'un corps, par exemple, de l'oxygène se combine avec tous les autres corps, les nombres que l'on obtient expriment : 1° Les quantités pondérables dans lesquelles ces corps se combinent avec l'oxygène ; 2° Les quantités pondérables dans lesquelles ils se combinent entre eux, supposé qu'ils aient de l'affinité l'un pour l'autre, c'est ainsi qu'on est parvenu aux nombres proportionnels affectés aux 54 corps connus, 189. —Les proportions chimiques fournissent les moyens de déterminer d'une manière exacte quelques-unes des classes les plus importantes des combinaisons chimiques, 199.—Les proportions chimiques sont indépendantes de toute théorie, elles n'ont aucun rapport avec une hypothèse quelconque. La science doit non-seulement chercher à consolider la vérité de ces propositions, mais aussi examiner et étudier les causes de leur régularité et de leur constance, 216. — Il est évident que ces causes se trouvent en rapport intime avec la constitution physique des corps. Mais lorsque nous essayons de remonter aux causes primitives des phénomènes, les

sens et l'expérience nous abandonnent, 217. — On appelle *théorie* les suppositions établies pour expliquer les lois de la nature et ses phénomènes, 218. — L'hypothèse que Dalton a établie le premier sur la constitution physique des corps est considérée comme l'expression exacte des proportions chimiques, 221. — Il résulte des principes des proportions chimiques, quelques rapports généraux entre les *acides*, les *bases* et les *sels* qu'il importe de noter, 270.

PROPRIÉTÉ DES CORPS, 8.

PROPRIÉTÉS CHIMIQUES. — Nouvelles propriétés qu'un corps présente ou reçoit par sa mise en contact avec d'autres corps, 52.—L'analogie dans les propriétés chimiques des parties constituantes de certains corps, de même composition déterminent la même forme cristalline, 110.

PROTOXIDE, 1er degrés de combinaison des corps avec l'oxigène, 84.

PUISSANCE DES CORPS, 13.

R.

RADICAL. — Corps simple capable de former avec un autre, un acide ou une base. Par radical composé, on entend la réunion de 2 ou 3 corps simples qui, sous ce rapport de la faculté de former une base ou un acide, se comporte comme un corps simple, 92. (Voy. *Cyanogène*).—On est convenu d'appeler équivalent des radicaux des acides la quantité qui est contenue dans un équivalent de leur oxacide, 202.

RADICAL COMPOSÉ. (Voyez *Radical.*)

RÉACTION. — Phénomène que produit un corps sur un autre quand on les met en présence. On dit d'un composé qu'il possède une réaction alcaline quand il rend bleues les couleurs rougies par les acides. La réaction est dite acide s'il rougit au contraire le papier de tournesol bleu, 90.

REFROIDISSEMENT (*Cristallisation par*). — (Voyez *Cristallisation.*)

RÉPULSION CONTRAIRE DE L'ATTRACTION, 12.

RHODIUM, l'un des 54 corps simples, 79. — Des 41 corps métalliques, 82.—Nombre proportionnel, 1392,76, l'oxygène étant 100. 189.—Formule R, poids atomique, 651,39. 251.

S.

SATURÉE (*Solution*). — Un corps liquide étant mis en contact avec un solide, pour lequel il a de l'affinité, le liquide s'empare d'une quantité proportionnelle du solide à l'affinité réciproque des deux corps. Il ne s'opère pas de combinaison ultérieure, si les circonstances restent invariables : on dit alors que la solution est *saturée*, 101. — Cette expression se rapporte à une température déterminée du liquide, 103.—Si un liquide est saturé d'un corps à chaud, il ne perd pas par là sa faculté de dissoudre d'autres corps pour lesquels il a de l'affinité , 115.

SEL , l'un des éléments d'Aristote, selon les alchimistes , 79.—Sel neutre. (*Voyez Sulfosels.*)

SELS.—Résultent de la combinaison des bases et des acides, 88.—Quand les propriétés des acides et celles des bases ont disparu de telle façon que la combinaison qui a pris naissance n'a plus d'action sur les couleurs végétales ces sels sont à l'état neutre. (*Voyez Proportions chimiques ,* chapitre V), 89.— Certains sels rougissent les couleurs végétales bleues, on dit alors dans ce cas qu'ils ont une réaction acide ; d'autres bleuissent les couleurs rouges, on dit leur réaction alcaline, 90.— Par sels, on entend dans le sens le plus restreint toutes les combinaisons de deux corps composés, contenant un élément non métallique, 270.—Les classes les plus importantes sont les sels oxygénés ou *oxysels,* 271.—*L'oxyde métallique basique ,* 271. — *Capacité de saturation,* 275. *Sels neutres,* 277.—*Sels basiques,* 278.—*Sels doubles ,* 279.—On nomme sels acides les combinaisons des sels neutres avec les hydrates du même acide, 282. — *Halhydrates ,* 283. — *Sels sulfurés* ou sulfosels, 289. —*Sels chlorurés* ou chlorosels, 289. — *Sels fluorurés* ou *fluorosels.* — *Sels iodurés ,—bromurés,—séléniurés , — tellururés ;* tous ces derniers sont des combinaisons de deux, de trois, ou plusieurs des corps dont ils portent le nom , 289.—Alcalins , 291. *Sels haloïdes ,* 292.

SELS BASIQUES ou sous-sels, sels qui contiennent une fois et demie, deux, trois,...... ou plusieurs fois autant de base que les sels neutres, 278.

SELS CHLORURES ou chlorosels, sont des combinaisons de deux, trois ou plusieurs chlorures, 289.

SELS DOUBLES.—Réunion de deux ou de plusieurs sels à différentes bases ou à différents acides, on distingue les sels doubles, neutres, et les doubles sels basiques, 279. — *Halhydrates ,* 284. — Dans ces sels l'eau

l'oxygène étant 100. 189. — Formule Na, poids atomique, 290,90. 251.

SOLIDES (*Corps*), sont ceux dans lesquels la cohésion est telle que leurs molécules sont fixes (voy. *Corps*).— Un corps solide se combinant avec un corps liquide et cette combinaison devenant liquide, on dit que ce corps est en dissolution, il y a simple dissolution quand la nature des deux corps n'a pas changé, il y a combinaison quand de nouveaux composés ont pris naissance, 45. — S'il n'est pas dissout, c'est que sa force de cohésion est plus considérable que leur affinité naturelle, 46.—Dans la combinaison avec un corps aériforme s'il se dégage de la lumière et de la chaleur, ce phénomène se nomme combustion, 47. — formés de deux corps aériformes dont l'affinité est plus grande que l'élasticité, 48. — En se combinant avec un corps aériforme et devenant aériforme, son affinité pour le corps aériforme est plus grande que sa force de cohésion, 5o. — Produit de la combinaison d'un corps aériforme avec un corps solide, 51. — Leur dilatation est moins grande que celle des corps liquides et aériformes à température égale, 62. — Leur échauffement porté à un certain point, nommé *point de fusion*, détruit la force de cohésion, et ces corps se liquéfient, 72.—Peuvent être liquéfiés par la chaleur et par l'affinité chimique d'un autre corps, 100.

SOUFRE, l'un des 54 corps simples, l'un des éléments d'Aristote selon les alchimistes, 79.—Des 13 corps non métalliques ou métalloïdes, 82. — Nombre proportionnel, 201,17, l'oxygène étant 100. 189. — Formule S, poids atomique, 201,17. 251. — Densité = 6,6480 : l'air atmosphérique étant 1, 237.—Et=6,34957 : le gaz oxygène étant 1, 242.

SOUS-SELS. (Voyez *Sels basiques.*)

STATUS NASCENS.(Voyez *Etat naissant.*)

STRONTIUM, l'un des 54 corps simples, 79. — Des 41 corps métalliques, 82.—Nombre proportionnel 547,29, l'oxygène étant 100. 189.—Formule Sr, poids atomique 547,29. 251.

SULFIDE. — La terminaison *ide* est donnée aux sels haloïdes susceptibles de jouer le rôle de corps électro-négatifs. (Voyez *Sulfure.*)

SULFOSELS. (Voyez *Sels sulfurés.*)

SULFURE ou SULFIDE.—Combinaison d'un corps avec le soufre, 84.—*Sels sulfurés*, 289.

SYMBOLE, figure des poids atomiques des corps pour représenter la composition d'une combinaison, on exprime par la première lettre du nom latin les rapports pondérables des éléments, et par leur position, la manière dont on se les figure combinés d'une manière analogue à celle dont on fait usage dans les formules algébriques, 255.—Parmi les corps organiques, les *bases* et les *acides* sont également représentés par des signes particuliers, 259.

T.

TANTALE ou COLOMBIUM, l'un des 54 corps simples, 79.—Des 41 corps métalliques, 82.—Nombre proportionnel 2307,43, l'oxygène étant 100. 189.—Formule Ta, poids atomique 1153,72. 251.

TELLURE, l'un des 54 corps simples, 79.—Des 41 corps métalliques, 82.—Nombre proportionnel 801,76, l'oxygène étant 100. 189. — Formule Te, poids atomique 801,76. 251.

TEMPÉRATURE. — Quantité de chaleur qu'un corps

abandonne ou reçoit du milieu qui le contient, 58. – On porte un corps à une certaine température pour qu'il puisse abandonner une certaine quantité de chaleur à d'autres corps, 60.—Etant égale, les corps *aériformes*, *liquides* et *solides*, se dilatent inégalement, 62.—Augmentant ou diminuant, le volume d'un corps augmente ou diminue, 63.—Une température élevée augmente la faculté dissolvante des corps, 102.—Les solutions sont saturées à une température déterminée, 103.—Quelques corps sont aussi solubles à la température ordinaire qu'à la température la plus élevée, il est rare pourtant que la solubilité soit moins considérable à une température élevée, 104.-La faculté que possède un corps de se combiner avec un autre dépend de la température à laquelle on les porte ensemble, 136.—Influence de la température sur la combinaison des corps, 141.

TENACE.—Etat des corps, 27.

TENSION. — Tendance d'un corps liquide ou solide à prendre l'état aériforme, etc., 37.

TERRE, l'un des 4 éléments d'Aristote, 79.

TERRES.—Elles sont entièrement insolubles dans l'eau sans réaction sur les couleurs végétales et ne se combinent pas avec l'acide carbonique, 291.

TERRES ALCALINES. — Quelques oxydes métalliques ont porté ce nom, ce sont la baryte, la strontiane, la chaux et la magnésie. — Elles sont peu solubles dans l'eau, moins caustiques que les *alcalis*, et produisent avec l'acide carbonique des sels insolubles, 291.

THÉORIE.—Lorsqu'une hypothèse explique d'une manière satisfaisante une loi de la nature ou une série de phénomènes, lorsqu'elle ne se trouve point contrariée par l'expérience ni contredite par aucun fait, on appelle le rapport de cette supposition avec les phénomènes, une théorie, 218. — Lorsque deux théories dérivées de vues différentes ou contraires sur les causes des phénomènes, expliquent tous les faits et tous les phénomènes avec la même exactitude; on ne sait au juste laquelle

11*

des deux exprime la vérité. Si une série de phénomènes ne peut s'expliquer que par une seule vue qui ne se trouve contrariée par aucun fait, on a tout lieu de prendre cette hypothèse pour l'expression de la véritable cause du phénomène, 219. — Il s'ensuit naturellement que l'existence d'une telle cause ne saurait être niée seulement parce que l'œil ne peut la voir ou la main la saisir, 220. — L'hypothèse que Dalton a établi le premier sur la constitution physique des corps, s'accorde d'une manière si parfaite avec tous les phénomènes que présentent les combinaisons et les décompositions des corps, que nous devons la considérer maintenant comme l'expression exacte des proportions chimiques, 221.—Atomique d'après cette hypothèse, la matière ne se laisse point diviser à l'infini, mais il existe une limite au-delà de laquelle aucune molécule d'un corps ne peut être réduite en une plus petite, 222. (Voyez *Atomes.*) — On explique suivant l'hypothèse ou la théorie atomique, pourquoi les corps ne se combinent que dans certaines proportions pondérables, pourquoi des poids inégaux de ces corps se remplacent mutuellement, pourquoi la combinaison d'un corps avec un autre n'a pas lieu dans toutes les proportions; il n'y a pas de vue qui puisse rivaliser avec celle-ci sous le rapport de la probabilité, 226.—La découverte d'un grand nombre de corps ayant la même composition en cent et doués de propriétés entièrement différentes, est devenue un nouvel appui de la théorie atomique, 261.

THERMOMÈTRES, instruments servant à reconnaître les quantités de chaleur qu'un corps a reçues du milieu qui l'environne ou qu'il leur a abandonnées, 64. — En quoi il consiste, 65. — Il marque dans toutes les circonstances et dans toutes les positions un degré unique lorsqu'on l'introduit dans de la glace fondante, et un autre point unique si on le met dans l'eau bouillante, 66.—L'intervalle compris entre les deux points fixes, se divise en un certain nombre de parties égales qu'on appelle degrés, 67. — Pour le thermomètre centigrade l'intervalle compris entre la glace fondante qui porte o°, et la température de l'ébullition de l'eau, est divisée en 100 degrés. Celui de Réaumur pour les mêmes limites n'est divisé qu'en 80 degrés, tant qu'à celui de Fahrenheit dont on fait usage en Angleterre et dans une partie de l'Allemagne, le zéro est obtenu à l'aide d'un mélange de sel marin et de neige et l'instrument marque 212° dans la vapeur d'eau bouillante.

THORIUM, l'un des 54 corps simples, 79.—Des 41 corps métalliques, 82.—Nombre proportionnel 744,90, l'oxygène étant 100. 109. — Formule Th, poids atomique 744,90. 251.

TITANE, l'un des 54 corps simples, 79. — Des 41 corps métalliques, 82.—Nombre proportionnel 303,66, l'oxygène étant 100. 189. — Formule Ti, poids atomique 303,66. 251.—Densité = 3,348,44 : l'air atmosphérique étant 1, 237.—Et 3,03686 : le gaz oxygène étant 1, 242.

TRITOXYDE (tri-sulfure, tri-chlorure, etc.) 3e degré de combinaison des corps.

TUNGSTENE, l'un des 54 corps simples, 79. — Des 41 corps métalliques, 82.—Nombre proportionnel 1183,00, l'oxygène étant 100. 189. — Formule W, poids atomique 1183,00. 251.

U.

URANE, l'un des 54 corps simples, 79. — Des 41 corps métalliques, 82.—Nombre proportionnel 2711,36, l'oxygène étant 100. 189.—Formule U, poids atomique 271,36. 251.

V.

VANADIUM, l'un des 54 corps simples, 79. — Des 41 corps métalliques, 82.—Nombre proportionnel, 856,89, l'oxigène étant 100. 189.— Formule V , poids atomique, 855,89. 251.

VAPEURS. — État des corps liquides ou solides qui ont pris l'état aériforme, 36. — Et qui ne le conservent pas à la température ordinaire, 75.

VOLATILITÉ —Faculté d'un corps liquide ou solide de prendre l'état aériforme, 35.

VOLUME (le) d'un corps est l'espace que ce corps occupe, il augmente ou diminue à mesure que la température augmente ou diminue, 63.—Beaucoup de chimistes ont admis comme loi générale, 241, que *volume* et *atome* sont synonymes, ou ce qui revient au même, que les densités des corps simples gazeux sont proportionnelles aux poids atomiques des corps, et ils ont modifié là-dessus les équivalents des corps, 243. — La théorie des volumes présente quelque commodité pour vérifier la composition des combinaisons qui sont gazeuses ou se laissent convertir en gaz : le poids spécifique de ces combinaisons est la somme des poids spécifiques des parties constituantes contenues dans un volume, et le rapport des volumes des parties constituantes exprime exactement le nombre relatif des atomes de la combinaison , 244.

Y.

YTTRIUM , l'un des 54 corps simples , 79. — Des 41 corps métalliques , 82.—Nombre proportionnel , 402,51, l'oxygène étant 100. 189. —Formule Y, poids atomique, 402,51. 251.

Z.

ZÉRO THERMOMÉTRIQUE.—Point par où l'on commence à compter les degrés du thermomètre , ce point est celui de la glace fondante pour les thermomètres centigrade et Réaumur, mais pour celui de Fahrenheit la glace fondante correspond à son 32° degré, 67.

ZINC, l'un des 54 corps simples , 79. — Des 41 corps métalliques, 82.—Nombre proportionnel, 403,23 , l'oxygène étant 100. 189.—Formule Zn, poids atomique, 403,23. 251.

ZIRCONIUM , l'un des 54 corps simples, 79. — Des 41 corps métalliques , 82.—Nombre proportionnel, 420,20, l'oxygène étant 100. 189. — Formule Zr, poids atomique, 420,20. 251.

FIN DE LA TABLE.

ERRATA.

Pages	lignes	
130	20	Au lieu de, 55,014 carbone, *lisez*, 55,024 carbone.
142	22	2ᵉ colonne, au lieu de, deutoxyde de chrôme, *lisez*, deutoxyde de *manganèse*.
156	17 et 19	Au lieu de, et une, *lisez*, *ou* une.
Id.	18	Au lieu de, par S atome, *lisez*, par S *un* atome.
157	16	Au lieu de, CL₂ 2 at. de chlore, *lisez*, Cl₂ 2 at. chlore.
Id.	22	Au lieu de, S signifie donc, *lisez*, S̈ signifie donc.
Id.	24	Au lieu de, A̋S₅ exprime, *lisez*, Äs exprime.
159	9	Au lieu de, acide arsenic, *lisez*, acide *arsenique*.
162	3	Au lieu de, 2 C₄ H₄ O₅ C₄, *lisez*, 2 C₄ H₄ O₅ = C₄.
174	15 et 16	Au lieu de, de son contenu en oxygène, *lisez*, de *la proportion d'oxygène qu'elle contient*.
177	2	Au lieu de, plus grand, *lisez*, plus grande.
179	18	Au lieu de, et des basiques, *lisez*, et des *sels* basiques.
184	18	Au lieu de, tout ou en partie, *lisez*, en *totalité* ou en partie.

www.ingramcontent.com/pod-product-compliance
Ingram Content Group UK Ltd.
Pitfield, Milton Keynes, MK11 3LW, UK
UKHW021018140726
13695UKWH00001B/332